重识经济

——透视货币潜流与价格迷局

王生智 ◎ 著

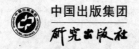

中国出版集团
研究出版社

图书在版编目 (CIP) 数据

重识经济：透视货币潜流与价格迷局 / 王生智著
. -- 北京：研究出版社，2020.6
ISBN 978-7-5199-0748-8

Ⅰ.①重… Ⅱ.①王… Ⅲ.①经济发展 – 研究 Ⅳ.
① F061.3

中国版本图书馆 CIP 数据核字 (2019) 第 184486 号

出 品 人：赵卜慧
责任编辑：刘春雨
助理编辑：朱唯唯

重识经济：透视货币潜流与价格迷局

CHONGSHI JINGJI : TOUSHI HUOBI QIANLIU YU JIAGE MIJU

王生智 著

研究出版社 出版发行
（100011 北京市朝阳区安华里 504 号 A 座）

河北赛文印刷有限公司 新华书店经销

2020 年 6 月第 1 版 2020 年 6 月北京第 1 次印刷
开本：880 毫米 × 1230 毫米 1/32 印张：8.5
字数：151 千字

ISBN 978-7-5199-0748-8 定价：39.00 元

邮购地址 100011 北京市朝阳区安华里 504 号 A 座
电话（010）64217619 64217612（发行中心）

序 言

　　谨以此书献给那些愿意清晰理解市场问题或深入思考经济理论的人们，希望本书可以带给读者些许启发或灵感。市场经济是一种自然发展而来的社会现象，涉及因素众多，看不见摸不着，变幻莫测难以把握，研究经济需要的是对经济整体的、严谨的、透彻的理解，绝不仅仅是记住几项条款。从亚当·斯密到今天，几百年来全世界无数经济学家呕心沥血、前赴后继，但是都无缘触及经济的本质，正是因为经济学存在着根本性的错误。

　　这是一本注定会引起争议的书，也将是一本值得批判和经得起批判的书。本书中所谈的经济观念与大家通常在经济学中所见到的几乎完全不同。然而，这里的观念，经过深入浅出的清晰论述之后，却又是那么的浅显在理，让人难以置疑。

　　书中重点展示了：

　　（1）市场在带给人类巨大利益的同时，也存在着一些致命的缺陷，随着经济的发展，这些缺陷正在显现，其负面作用也将越来越大；

　　（2）市场存在许多影响因素，它们相互影响，在看似混乱的关系中，熟练劳力不易增加、商品价格不易上涨、工资不易下降与投资不易停止，这几个不易变动的因素在现实经济发展中具有黏性，是较为稳固的决定性因素；

（3）在经济理论设想的理想情况下，市场上应有的货币量应该等于市场上存在的具有相同价值的商品量，如此来看，社会货币储蓄代表了企业的存货，若储蓄不能变成消费或投资，储蓄代表的存货就只能变成过剩积压，这也意味着追逐利润的市场经济不能停止增长；

（4）经济发展时，金钱不断流向少数富人，商品的市场只能面向数量庞大的、相对较穷的群体扩散，金钱流向富人阻止了商品面向穷人的市场扩散，导致了经济的衰退与萧条；

（5）相对于具有购买力的市场需求，商品的社会需要趋近于无穷大，社会未被满足的商品需要绝大多数时间只存在于大量相对较穷的群体之中。这就必然决定了市场需求量主要取决于商品价格，价格下降需求量增加，价格上升需求量减少，反之却不尽然，由此揭示了需求与价格的关系；

（6）市场供给量取决于利润，并非价格的函数，恰恰相反，价格是供给量的函数，供给量增加价格下降，供给量减少价格上升，反之却不尽然；

（7）国际货币体系尚缺一根"定海神针"；

（8）金融衍生品已经无须过度创新；

（9）经济发展的实质是人的发展，是人们的观念与市场经济发展所需观念的接近过程，发展的关键、困难和出路，都是观念转变。经济发展的首要任务是在市场经济建设的实践中，依靠最先进的群体带动企业家群体，进而利用榜样的作用，对社会进行分层次的宣传教育，循序渐进小步快跑，这样才能高效提升市场经济所要求的全民素质。

反观经济学的发展，有个隐蔽的困难，市场经济的自然发展是一个不断叠加的过程。发展的历程漫长，每一代人只能看到不断叠加中的某些阶段的改变。早期的人看得全面，但当时的市场不够复杂；晚期的人看到了复杂，却已无从下手。

今天的经济已经非常复杂，只有回归原始返璞归真，避免无事实基础的抽象，抓住主要矛盾及其主要方面，层次分明格局清晰，才能认清经济的本质。对经济理解的正确性，取决于人对市场、交易、价格、劳动、分配、商品、货币、消费、储蓄、投资等经济现象的透视程度、理解程度与把握程度。

本书中反映主要观念的一些文章，曾在重要的高层经济刊物中发表过。

目　录

前　言　/　001

第一章　市场的利弊与金钱的力量　/　001
（一）市场与科技给人类带来的巨大利益　/　002
（二）市场存在的缺陷　/　007
（三）市场用钱政府用权　/　030

第二章　市场与货币的自然发展　/　037
（一）市场的运行　/　038
（二）货币的演变　/　042

第三章　重识货币流动与价格作用　/　053
（一）分配是经济的重要问题　/　054
（二）消费与储蓄的不同　/　059
（三）市场经济中的粘性　/　066
（四）供给、需求与价格　/　072
（五）商品的市场扩散过程　/　078
（六）另一只"看不见的手"　/　083

（七）市场扩散与金钱聚集的混合作用 / 086

（八）产品的生命周期 / 096

（九）经济发展与人的观念交互上升 / 101

（十）国际货币体系 / 103

第四章 现有货币与价格学说的缺陷 / 117

（一）外贸理论 / 122

（二）马歇尔的供需理论 / 126

（三）凯恩斯理论 / 135

（四）熊彼特的商业周期 / 149

（五）货币学派与货币流动 / 155

（六）理性预期理论 / 159

（七）供给学派 / 162

第五章 探识经济发展的进程 / 171

（一）两个著名的国际共识 / 172

（二）外贸、内贸与经济发展 / 174

（三）中国赢在哪里 / 180

（四）小步快跑交替发展 / 180

（五）对发展进程的探讨 / 191

（六）提升国家竞争力 / 200

（七）科学的发展观 / 213

（八）中国如何科学发展 / 218

（九）经济发展的限制 / 228

第六章 余论 / 241

前　言

　　人类生活在世界上，要解决很多方面的问题，为了解决这些问题，发展出科学的很多学科，有天文、地理、数学、化学、理学、工学、农学、医学、生物、心理、历史、军事、经济、管理、政治、法律、社会、文学、美学、哲学，等等。在经济方面，人们需要解决社会各企业、个人、政府、军队、团体、学校、医院等各方面的生产、交换、分配、消费和储蓄问题，解决人类社会日常生活中衣食住行等基本生存问题。

　　经济发展关系到一个国家或地区人民的国计民生与存亡兴衰，生存无疑是任何国家、地区、社会、家庭和个人的首要大事。经济活动用来解决人类生存的最大问题，经济学的任务在于，发现人类社会中生产、交换、分配、消费与储蓄的规律，解决市场上、工作上、生活上发生的经济问题。

　　经济学应该可以用来解释，世界任何地区、任何时间、任何情况下，经济发展过程中出现的所有问题。然而，今天的经验告诉人们，经过几百年的发展，经济学距离这一目标似乎越来越远。

　　世界上不缺经济学的学者，每当遇到一个经济困难，学者从各自的角度给出各种解释，相互矛盾、互相攻击，令原本混乱的经济更加混乱。世界金融危机爆发后不久，英国女王伊丽莎白二世在 2008 年 11 月视察伦敦经济学院时，曾经提出质疑，她问为什么没有人预见金融危机的到来？这个问题问得很精彩。我们培养了众多将士，结果战败了，甚至败下阵来之后，还没搞清楚是被谁打败了。

市场是千百年来自发建立，逐渐演化形成的一套社会交换机制。市场没有整体的目标，也不知道什么是结果。市场通过"看得见的手"和"看不见的手"，在每个人为自己奋斗的同时，给整个社会带来了经济进步。在市场上买卖双方自愿达成交易，满足了双方的要求，带动了专业化分工的大规模发展和生产效率的大幅提升，因此市场是高效的。经济学是研究市场经济运行发展规律的学科，经济学应该清楚什么是经济运转的动力，什么是经济运转的过程，什么是经济运转的问题，什么是经济运转的规律。

翻开经济学的书籍，对于经济学的定义各式各样，但大家基本认同，经济学是一个独立学科，研究的是一个社会如何利用稀缺的资源生产有价值的物品和劳务，并将它们在不同的人群中进行分配。这是一个高度抽象的定义，涵盖的内容非常广泛。不过，迄今为止的经济学突出了稀缺资源的高效配置，但对分配注意不足。然而分配，已经成了经济发展中越来越重要的制约因素。

　　经济发展与社会发展从来都是一体的，彼此密不可分。今天的经济学几乎完全不考虑社会的状态，仅仅单独分析经济现象，这样的研究割裂了经济与社会的关系，脱离了客观实际。经济发展的实质就是人们思想认识的发展，也就是社会的发展。经济学的这一脱离，正是经济学无法解释经济现状的最重要的原因之一。经济学之所以会是这样，是因为对它的研究严重地受到了一些社会阶层利益的驱使和局限。

　　近几十年内经济学被纳入了"科学"的范畴，由于经济学被"科学化"，使得研究经济学的"科学家"被人为地划分到不同的细分领域，利用能收集到的并不完整的数据，仿照自然科学建立数学模型进行运算，导致经济学变成了许多细分学科，各学科间处于离散的相互拒绝状态，"只见树木不见森林"也就不足为怪了。

　　经济现象原本是在许多复杂条件下，由各种因素相互作用的综合结果，但是今天的经济学被人为地分裂成了很多的碎片领域，各个派别的学者只是片面强调自己那部分的理论对于经济现象的解释，很少有人能从总体上全面考虑经济的问题。今天经济学被分为宏观经济学、微观经济学、国际经济学、制度经济学、金融经济学、计量经济学、数理经济学、博弈论等，宏观经济学又被分为新凯恩斯学派、供给学派、货币学派、增长学派、就业学派、福利学派，等等，越分越细，不一而终。

成语故事"瞎子摸象"，说的是几个盲人一起摸象，摸到象牙的盲人说大象像萝卜，摸到象耳的盲人说大象像簸箕，摸到象头的盲人说大象像石头，摸到象鼻的盲人说大象像木杵，摸到象脚的盲人说大象像舂米臼，摸到象背的盲人说大象像坐垫，摸到大象肚子的盲人说大象像陶罐；摸到大象尾巴的盲人说大象像绳子。现在的经济学学派林立，对经济问题不能从整体上把握，就像是瞎子摸象，对经济事物一知半解，即使这个"解"是"非常高深"的，也不能对全局做出完整判断。

就像人体生病一样，同样的症状，不一定是相同的病因。同样是咳嗽，有些患者是因为细菌感染，有些患者则是病毒感染。同样是肚子疼，原因有多种，有些是吃多了，有些是食物中毒，有些是阑尾炎，有些是心脏病。针对不同病症选用不同的药物，对症下药才能药到病除。

经济问题是全局问题，同样的现象很可能是由于不同的原因所导致，不能一概而论，需要具体问题具体分析。同样是物价上涨，有的是因为货币发行过多，有的是因为原材料消耗殆尽，有的是因为自然灾害造成的减产，有的是因为外币升值，有的是因为国际大宗商品涨价，有的是因为有人囤积居奇，有的甚至是多种原因综合作用的结果。

对于经济这样一个整体性很强的体系，过于倚重局部"科学"是一件十分危险的事情。一些看似"科学"的局部理论实际没有全局的根基，这类理论越是"科学"，偏离事实越远。成立于1994年的一家美国著名超级对冲基金，长期资本管理公司（LTCM），在两位诺贝尔经济学奖得主的指导下，由著名数学家建立了当时世界上最复杂的风险对冲数学模型，利用世界上最先进的计算机和网络设施，在资本市场上"科学"地操作金融交易。但在1998年遭遇俄罗斯金融危机时，他们输了个精光，还险些拖累整个金融体系。

数量众多的金融衍生品，都是近年来金融行业"科技创新"的杰作，2008年导致全球金融危机爆发的美国房产次贷，也该归因于依据"科学"研究出来的金融衍生品。如今已经全球化的市场，所有的地区、所有的行业、所有的人群全都囊括其中。对于经济研究来说，局部"科学"必须在整体正确的前提之下，才是有意义的。

经济学反映的是市场经济的规律，经过近来几百年的发展，市场越来越复杂了，很多因素叠加在一起千头万绪，使得人们很难看得清楚。市场是从简单到复杂逐渐发展起来的，由发展中的许多阶段和内容叠加而成的，这就需要分层次来观察复杂市场的运行，才有可能透彻地看清市场。

经济学最早就是从整体上来观察市场的。比如亚当·斯密、让·巳蒂斯特·萨伊、里昂·瓦尔拉斯他们就是从整体上来看市场的，因此他们能深刻地揭示市场最底层的规律。但由于年代久远，抽象的程度太高，忽略得太多，距离实际太远，他们的理论对于实际的经济运行，也就自然不再具有很强的实际指导意义了。

现代经济学家大多只是聚焦于货币、利率、就业、预期、科技等个别的经济因素，而这些单一的因素不足以反映经济运行的整体状况。他们有些人注重需求，有些人注重供给，有些人夸大了市场价格的作用，最终都无法反映市场经济的全貌。更严重的问题在于，现代研究经济理论的经济学家，绝大多数是大学教授，几乎全都来自从学校到学校的博士培养之路，基本无从了解大小企业和企业老板，无从了解企业的销售部门、供应部门、生产部门和人力部门，甚至无从了解劳动者和消费者，这就导致了经济学家对于经济现实基础的无知。

现在中国的经济学家正忙于书写中国经济学，但是目前所谓的中国经济学，实质上是用千疮百孔的西方经济学来解释中国已经发生的经济现象，而不是用产生于中国的经济学去解释全世界的市场经济。

市场是自古以来自然形成的交易机制，最早是以物易物的节余物品互换，后来又有了专门为出售而生产的商品，添加了劳动交易，随后又出现了贵金属货币、纸币和专门的金融交易。可以认为，现在的市场是经过历史分阶段逐渐叠加形成的。现在的市场已经十分复杂了，使人们至今无法看清市场的脉络。在今天的时点上看经济，只有抓住在市场上起着主导作用的最主要矛盾，以及主要矛盾的主要方面，才有可能逐渐厘清市场的来龙去脉。

市场由买卖双方组成，是一个需求、供给与价格的循环体。如果认为产业链的中间环节是一个整体，商品市场的卖方可以简单地被看作所有企业，买方是所有消费者；劳动市场的卖方可以简单地被看作所有消费者，买方是所有企业。任何企业都要购买生产资料（上游企业的劳动）和劳动，进行加工，再售出产品；任何消费者都要提供劳动，挣回工资，消费后再次进行劳动。

在任何一个封闭的社会中，当市场运行时，市场需要具有与商品等量的货币来辅助完成交易。在每个生产阶段开始时，企业从银行借出足够的货币，投入生产购买生产资料和劳动，然后卖出商品，收回货币，还给银行。如果银行没有利息，所有企业都没有利润，所有消费者都没有剩余货币，一个循环结束时，企业将可收回全部货币还给银行。在这样一个生产与消费的循环中，货币只是一个辅助循环的标记物。

企业的每件商品都必须经过从购买与加工到卖出与消费的全过程，它所拥有的价值才能得到实现。在人们手中握有的消费剩余的金钱全部花出之前，社会上的企业中还存有尚未卖出与消费的库存商品。这些商品仅完成了前半部分——购买与加工；还有后半部分——卖出与消费没有完成。这些企业库存商品变成了社会的剩余物品没有出清，这些剩余商品的价值没有得到实现。

如果每个参与生产商品的人都有同样的生活需要，都提供等量的生产劳动，获得同样的劳动报酬（货币），那么每个人都可以在市场上买到同样数量的生活所需商品，得到同样程度的满足。

如果所有的商品与劳动都具有其应有的价格，在企业没有利润的状态下，无论是老板还是雇工，所有消费者在企业挣到的钱，正好等于商品的总价格。这样，每一个为市场提供商品而付出了劳动的人，都可以买回与自己付出劳动相等价值的商品。这就是萨伊的理想状态。

在真实的市场上，价格是由供求关系决定的，物以稀为贵，供大于求价格下降，供小于求价格上升。买方希望物价越低越好，卖方希望物价越高越好。为了达成交易，买卖双方必须调整预期。成交价格受到双方承受能力的限制。

买方受限于手中握有的可以用于购买所需商品的货币，卖方受限于他得到该商品时已经支出的成本。买方只有在手中握有更多的货币时，他才可以为购买商品承受更高的价格。卖方只有在他的商品具备更低的成本时，他才可能拥有更多的降价空间。

在市场经济的情况下，企业出售商品价格的升降，是个别老板可以决定的；市场供给量的增加和减少，却不是单个老板可以决定的，而是社会投资和同行各自行为的汇总结果。企业商品价格的升与降，是由卖方自主决定的，买方对于价格只有"投票权"。在市场上，卖方在做出价格决定时，必须充分敬畏买方的"投票权"，价格若定高了，买账者就会减少。在劳动市场上，劳动工资的升与降是由买方决定的，卖方对于这个"价格"只有"投票权"，不过，买方在做出工资决定时，必须充分敬畏卖方的"投票权"，工资定低了高素质的合格雇员就难找了。

在真实市场上就出现了一个问题：各种各样的劳动和商品是否真的可以得到应有价格。如果在市场上某些种类的劳动或商品相对比较稀缺，这些劳动或商品就会获得相对较高的价格，有高就有低，其他一些相对并不稀缺的劳动或商品，就仅会获得相对较低的价格。

劳动种类存在差异，体力劳动、脑力劳动、简单劳动、复杂劳动，各种各样的劳动所需要的能力与获得这些能力所需要的准备，差异都很大，因而各种劳动的稀缺状态和价格（工资）水平自然也就存在很大的差异了。

在现实当中，相对于劳动种类的差异，人的需要的差异没有那么大，相对比较一致。但是，市场需求是由生活需要与购买能力结合而成的，生活需要能否转变成市场需求，就变成了工作收入能否提供足够的购买力的问题了，到了这一步，社会中各类人群反映出来的市场需求，就存在很大的贫富差别了。

现实市场中不仅劳动可以获得收入，将手中握有的货币进行再投资或存入银行，也可以获得利润，这就使得有钱的人更加有钱。富人手中的货币越来越多，在一定的社会商品体系结构中，他们的生活需要很早就已得到满足，再加上他们的人数比例很少，富人的市场需求很快饱和，手中越来越多的货币，只有自行投资或通过金融机构进行投资，再没有其他可用之处了。

众所周知创新和投资是财富创造最重要的源泉，同时任何创新又都离不开投资。在今天创造新财富的各项因素中，已有财富的投资所发挥的作用依然是最大的。投资是由投资人决定的，那么投资人的利益就必然是决定经济发展的关键因素，也就是说不会存在没有投资人利益或利益预期的投资。

投资失败虽然是普遍存在的现象，但无论如何，全球经济的提升与财富的增长都说明，成功的投资是经济发展的主流。市场中隐藏着的另一只"看不见的手"，就是这样使金钱流向了富有的人群，使得富有的人更加富有，贫穷的人更加贫穷。

从理论上讲，消费者手中（包括存在银行）的金钱代表了企业的库存。无论是通过消费还是投资（自行或金融投资），只有人们手中的货币全部花出去，社会全部库存商品才能得以出清，否则，只能变成社会商品的过剩积压。在储蓄增加的前提下，社会的生产与消费只有在投资的不断增长中，才能得以顺利进行。

社会上的投资越多，生产力越强，生产出来的商品越多，全社会的生活水平都会水涨船高随之增长。但是，由于金钱流向了富人，限制了穷人的购买力，大量穷人的生活需要很难转变成市场需求，这样也就限制了商品的市场扩张。

随着社会上投资的增加，商品供给量越来越多，为了增加商品销量，商品市场只有面向人口众多的、相对较穷的人群扩展。只有通过降价销售，市场才能扩大，别无其他途径。价格下降到一定程度，企业利润全无，甚至资金流水也变为负值，此时社会投资也必定会停止。但是，富人的财富此时仍可能在继续增长，即使刚刚停止增长，他们已经拥有的储蓄中没有投资出去的部分，所代表的企业库存，此时早已堆积如山难觅出路，全都变成了社会的过剩积压，社会经济此时走向衰退乃至萧条。

第一章

市场的利弊与金钱的力量

世界上几乎所有的事都有利必有弊，只是利弊的大小不同。有些事情利大于弊，有些事情弊大于利，一些事情的利弊在不同阶段会产生转变。市场也是一样，市场只是人类社会自然形成的一种交换体系，因为市场交换的存在可以促进生产的专业化分工，大幅提高生产效率，相对来说，专业分工的深化又使市场获得了巨大的发展。这样的一个良性循环，促进了社会经济的高速发展。市场的发展为人类带来了前所未有的巨大利益，这是客观事实。然而，市场并不像有些人说的，只有利没有弊，市场同样存在弊端，而且弊端越发凸显。

（一）市场与科技给人类带来的巨大利益

自18世纪中叶英国发生工业革命到现在的200多年以来，人类文明发生了翻天覆地的变化，彻底改变了人类延续了数千年的生产方式，大幅改善了人类生活的方式和水平。人类在最近200多年的时间里创造的全球财富，远远超过了以前数千年的总和，这要归功于近代人类的生产效率得到了空前的提升。生产力能有如此之大的提升，归结于两点，一是市场导引的高度专业分工；二是科学技术的进步，这两点都对生产效率的巨大提升功不可没。

市场交换的发展与高度职业化分工的生产相辅相成，互为条件，没有市场的存在就不会有专业化分工，没有专业化分工就无法产生高度发达的市场。同时高效率的市场体系，也保证了社会的高度专业划分。

　　经济学鼻祖亚当·斯密在他 1776 年出版的《国富论》中，开篇就描写了一个很原始的制针企业。在使用一些简单的机械条件下，把制针的全部工作分为 18 道工序之后，制针的工作效率提高 4800 倍以上。正是因为专业化分工，每个人仅仅重复单一的操作，简单熟练带来的快速与优质，使劳动效率大幅提升，由此带给人们的巨大效益，促进了市场的大幅扩展；也正是因为有了市场交换带来的产销互利，推动了分工的深化和发展。

　　由于每个人的生长环境不同，造成了个人的专长与偏好天生就有差别，有人善于养牛，有人善于种地，分工可以使人们各自发挥自己的优势避免劣势。种蔬菜与种粮食有着不同的耕作规律，一个人专门做一项或少数几项有专长的事情，对于他所做的事熟能生巧，越做越精，越做越快。市场导致的竞争更促使人们集中精力，掌握自己熟悉的业务，产出更好、更多的产品，也促进了专业化大规模生产的发展。

　　专业分工提高了生产效率，然而，没有发达的市场交换，就不可能有高度分工的存在。市场交换的存在使人们发现，相比什么都做，专门做某项事业，生产单一产品，通过市场交换，可以换回更多生产生活所需的物资，市场的发展鼓励了人们从事自己擅长的事业。今天全球工业的专业化分工已经非常精细。例如，大型客运飞机主要由波音和空客两家大公司在生产，而他们的零部件制造商却遍布世界各地，他们生产的飞机已经可以满足全球民用航空客运业对大型客运飞机的基本需求。

　　市场交换最初在一个相对封闭狭小的地域内进行，但由于市场范围的限制，专业分工的程度不可能太高。随着运输能力的发展，尤其是早期水运的发展，大大降低了运输的成本，市场范围得以不断扩大，这也使得一些沿河和沿海城市的市场最先发展壮大起来，再有了铁路和公路运输的补充，交通更加便利。市场交换范围的扩大，促使专业化分工的水平与规模得到更大提升。

今天用大型货轮进行的远洋货物运输，以极低的成本就可以轻易地把各种商品从世界的一端送到另一端：在 2012 年 1 月，长度为 40 英尺的集装箱，从中国上海至荷兰鹿特丹航线的运价为 1400 美元。2012 年 2 月，西澳大利亚至中国的铁矿石运价为 7.61 美元 / 吨。2011 年中东至远东 26 万吨级油轮（TD3 基准航线）的油运基准运价 W100 对应的租家所需支付的运价为 22.51 美元 / 吨。设想一下如果没有现代运输工具，人们如何把成吨乃至上百万吨的货物，从地球的一端运到另一端？这样便捷和廉价的运输能力，正是今天经济全球化的基础所在。

随着生产和交易的扩大，不仅商品市场获得了发展，与之配套的劳务市场也跟随着经济的发展逐渐扩大。早期的劳动者只是聚集在街边等待需求方寻找劳力，后来厂商通过报纸广告进行招聘，再后来有了专业的劳动市场和职业的招聘公司，现在大量的职业招聘都在互联网上进行了。劳动市场的发达，提供了更加公开、公平和高效的人才交流机制，更高效率地实现了人尽其才，全球人才流动大大加速了市场经济的发展。

在生产和交易之中，仅有物资和人员的流动还不够，生产和交易都需要大量的资金周转，才能正常运行。与此同时，社会上很多人的手里，都或多或少地拥有暂时没用的闲钱，为此人类发明了货物与劳务市场之外的银行、股市、债市、汇市、期货等金融市场。金融市场把原本闲置的资金利用起来，投入缺少资金的生产或交易之中，实现了可使全社会资本效益最大化的资金高效配置。今天无所不在的现代化通信网络，更是极大地加快了全球资金的运转速度和利用效率。

分工深化和市场繁荣为人类带来了数不清的产品。迄今为止，还没有人可以利用计算机来计算全世界所有产品的供需状况，只有市场的价格机制可以帮助市场上供给与需求之间的信息传递，相对有效地自动调节市场的供给与需求。正是因为市场带来一个相对公平的交易环境，使得任何人都可以在市场上卖出自己的产品，买到自己需要的物资或服务。市场上的每个人，无论是买家还是卖家，通过交换之后，都会觉得买卖对自己有利，使得每一个参与市场交换之人的利益最大化，这正是市场高效本质的体现之处。

市场带来的公平竞争，使得所有的公司或个人奋发图强，不断创造新技术、提高生产效率，扩大产品产量，提升产品质量，降低生产成本，制造出越来越多、越来越好、越来越便宜的产品。正是市场带来的这一切，才造就今天世界上如此繁荣的物质文明。

正如亚当·斯密所说，每个人在追求自己利益的情况下，有效地促进了社会利益的发展。相对公平的市场竞争，为每个人提供了一个自己为自己奋斗，自己养活自己的平台；为每个人提供了一个与他人竞争、与自己竞争的平台。这是市场经济带给人类的最大利益。竞争是所有生物生存发展的动力，人类也不例外，离开了竞争，人类将会走向衰退。

科学技术的发展为人类提供了各种各样的生产和生活工具，极大地提高了生产的效率。例如，一台大型挖掘机，一铲子下去可挖出 5 立方米的土，相当于 1 个壮劳力用铁锹挖一天的工作量，一个挖掘机操作员最快每分钟可以挖三铲子；现在只需要花几块钱打个电话，就可以立刻把北京的信息传到拉萨，在200 年前人们需要骑着马走一年甚至更久才能够送到。

在几百年间，科学技术给人类带来了飞跃发展，从纺织机到 3D 打印机，从普通车床到精密数控机床，从汽车到火箭，从电报到计算机网络。这些科技成果极大地提升了人类的生产能力和生活条件，现在的人已经很难想象如果没有这些，我们将如何生活。

人类做了市场分工和科技创造，使得人类可以有更多的人力和更多的时间，来从事更多的学习和研究，从而进一步改善市场与分工的管理效率，进一步发展科技创新，创造出更有效的工具与更多的财富。

几个世纪以来，市场给人们带来了太多的好处，以致掩盖了市场的失效之处。市场的确很有效，但也并不像诺贝尔经济学奖得主哈耶克教授所说的那么完美无瑕。实际上市场不仅带给人类的巨大的利益，同时也存在着一些不利的因素。这些不利因素是事实存在，也是市场的本性所决定的，无法在市场体制内得到解决，因此，必须在市场之外得到限制或缓解。

（二）市场存在的缺陷

人们必须意识到，市场是在长期的实践活动中自然形成、不断改进的一整套机制，同其他各种社会机制一样，它是有缺陷的并需要逐渐发展完善的。虽然市场的价格、竞争等机制是高度有效的，但在许多方面也是无能为力的，经济波动的存在就是最好的证明之一。在现代社会中，市场的优势已经完全展现，但其弊端才刚刚开始被人意识到。

1. 价格信息的隐蔽性

市场商品的价格取决于供需的状况。在市场上的任何一种商品，当供大于求时价格下降，当供小于求时价格上升，市场利用价格传递商品的供求信息。但是，市场机制本身同时又决定了信息的不对称性，中国有句俗话说："买的没有卖的精"，意思是卖方掌握有更多的商品信息，并且不会轻易告诉买方。

实际上卖者都希望自己能卖更高的价格，不愿告诉买者商品真正的成本。只是竞争很激烈的情况下，卖者担心失去买者，不得不将自己的出价定在接近于市场价格的水平。

理想的经济学认为市场价格可以无消耗地迅速传播供求信息，实际上市场价格会受到商品的搜寻成本、运输成本、交易成本和局部垄断的影响，这些都会形成市场的消耗。由于搜寻商品需要花费时间、人力及物力等成本，大范围商品搜寻的成本非常之高，即使在网上搜寻往往也会花费很多时间和精力。只要存在搜寻成本，就会造成价格差异，实际中也是越便捷的商店越贵。这就造成了两个结果：一方面是买者只能在有限的地理环境或是网上寻找要买的商品；另一方面是为了被买者更容易找到自己，卖者被迫聚集在一个有限的环境之中或是网上空间。这样的结果使得同类商品的价格接近当地真实市场价格，这也是各种同类商品的卖家使尽浑身解数竞争的结果。

即使在网上利用互联网平台购物，买卖双方也都必须考虑商品运输的距离、线路、工具、速度、转运点等，还要考虑交易的价格与数量，是否可以达到一个值得交易的经济规模。此外，包装、装卸、保险等费用往往也是不小的开支，这些都是必须考虑的成本。

交易成本是指达成各类交易场所要花费的成本，包括与市场有关的广告、联络、招投标、谈判、利息、税赋以及合约执行的监督等事项所花费的成本。有些商品的这些成本甚至超过商品本身的制造成本。

在市场出现相对垄断时，市场竞争不够充分，就会发生囤积居奇，以及垄断影响价格等破坏市场的现象。当这种情况发生时，中小商户和消费者将会蒙受垄断者的蒙蔽导致损失。这种情况在局部区域常有发生，在国际大宗商品期货市场也屡见不鲜。甚至有些国家为了自身的利益，支持本国大公司或大财团，在国际大宗商品期货市场上，大肆进行投机，对于自由市场可以形成巨大的冲击作用，国际社会应该设法加以限制。

由于存在搜寻成本、运输成本、交易成本和局部垄断等各种因素，就会存在价格信息传递过程的曲折性。价格信息在各个交易环节都会发生改变与迟滞，同样的商品经由不同的渠道流通，价格就会不同，信息传递的时间上也会出现快慢不同。由于存在价格传递的多径、曲折与延误，价格也就更加具有隐蔽性。

2. 盲目投资

从宏观经济来看，市场上任何投资行为都是由追逐利润所驱动的。任何商品无论正处在降价之中或是成本正在提高，只要它具有利润空间，都会有投资涌入该行业，投资的增加导致供给的增加。如 2010 年，中国的小汽车是在降价中的行业，中国紫砂制品的成本越来越高，但是只因当时这些行业都有获利的空间，就不会缺乏新投资的进入。

投资具有风险性，一般来讲项目越大，周期越长，风险越大，利润越高。任何一个项目从投资到投产再到盈利需要一个过程，投资就要把握时机。对于各种产品或产业，投资过早，市场还未成熟；投资过晚，待到项目投产，熟练劳动力的工资已经上升，市场已经饱和，各厂家竞相降价，导致投资颗粒无收。投资过早者往往是个别人，对经济影响不大，而投资过晚者往往是数量众多，他们的危害极大，某些过晚的高额投资失误甚至引发经济整体衰退。投资失误主要是因为信息不完全对称所至，随着社会信息化的发展，投资失误应该可以逐渐减少。

在商品市场上，价格对于供求关系反映相对比较准确。在投资市场上，价格反映的信息常常严重滞后。当某种商品因为相对的供小于求时，价格远高于成本，可形成较高利润，众多投资者将蜂拥而至，纷纷投资该产品。但是，往往由于投资建设的周期较长，加之每个投资者在产品面世之前，均采取保密措施，严密封锁消息，在这段相对较长的建设周期当中，该行业很可能聚集了过量的投资，一旦新增的产能全部投产，往往导致产能过剩。这是现在市场经济中最严重的价格失灵现象。

对最终产品生产能力的投资，会带动整个产业链的扩张。最终产品过剩的信息从最终产品传到产业链前端，有一个信息传导的过程，这个过程也需要花费时间，产业链越长花费的时间越多。

小汽车是一种最终消费品，在生产小汽车的产业链上，有数百种的零部件供应商，以及供应商的供应商，产业链的最前端可以追溯到铁矿、煤矿和油田。小汽车市场供需的增减会影响到全产业链上所有的供应商。最终产品的市场供需信息，会逐级传递到产业链上所有供应商，每一级都需要花费时间，待到最终产品的市场供需信息，经过检验和判断，去除波动，形成一定的趋势，产业链上的相关供应商才会逐级跟进，越是前端的供应商反应越晚。

为了便于理解，可以考察两大类产业：第一类是制造最终产品的企业，如洗衣机制造商；第二类是为第一类企业提供设备的企业，如制造洗衣机生产线的企业。第一类企业的发展带动了第二类企业的发展，很显然不增加洗衣机的产量，就不需要增加洗衣机的生产线。第一类企业的发展需要第二类企业来提供保证，没有洗衣机生产线就不会有洗衣机。第二类企业的发展要先于第一类企业的发展，才能保证第一类企业的发展。任何一类企业都有其自身的发展速度，当洗衣机生产企业的发展速度很快时，洗衣机生产线制造企业的发展速度也必然很快。第二类企业自身的发展速度的下降，滞后于第一类企业，第二类企业突然失去市场，必然造成严重经济损失和大量失业。这也是一种市场失灵。

拉斯·特维德在他的《逃不开的经济周期》（2008年中文版）一书中，引用了埃里克·莫斯基尔德等人在哥本哈根对康德拉季耶夫周期模型、基钦周期模型和库兹涅茨周期模型进行了自动同步模拟。模拟结果显示，当产量增加时，产量与产能保持同步增长；当产量开始衰退时，产能仍然保持增长；当产能增加渐缓后，产能增加仍然高于产量增加；产能衰退滞后于产量衰退。这一模拟结果证实了市场投资的盲目性。

各种商品形成不同的产业，一种产业的兴衰会对全社会的收入与支出、消费与产出，造成循环放大的影响，产值越大的行业，其兴衰对整个经济影响越大，高产值行业的兴衰甚至影响商业周期。

在工业经济的早期只有煤炭、钢铁和纺织等很少几种产业，个别产业的生命周期对整个社会经济的波动影响很大，随着产业种类的增加，单个产业对经济波动的作用越来越小。老的产业经过几个周期之后，它的发展相对平稳，对经济波动影响较小。那些新兴的产业尤其是大型的新兴产业的起伏较大，它们的兴衰对经济波动的拉动作用较大。随着经济发展产业不断更新，最高端的产业就是金融业，现在经济波动的最大威胁就是金融风险，1929年和2008年爆发的金融危机就是例证。

3. 短期行为

市场竞争常常十分激烈，公司只有在赢得今天竞争的基础上，才能谈得上明天能否发展。每当公司遇到生存挑战的时候，公司很可能不顾以后，或根本无法顾及以后，只要能保住公司，违约毁誉在所不惜。

私有制必然带来私有财产的世袭，公司的股份是一种私有财产，父亲有经营公司的才能，儿子不见得也有。公司传到第二代或更后代，往往是委托给职业经理人来经营，有些公司甚至在第一代创始人创业之后不久，就委托给职业经理人来经营了。

职业经理人的任期往往是 3～5 年，股东或董事会对职业经理人的考核一年一次，公司在一年乃至更短时间之内若无业绩的上升，职业经理人的职位就很难保住了。所以职业经理人往往只顾眼下，很少会考虑将来。当短期利益影响长期利益时，职业经理人过分地注重短期利益，必将牺牲长期利益，轻者少做或不做未来开发，重者不惜杀鸡取卵，甚至不顾公司信誉，进行商业欺诈，给公司今后的发展埋下隐患。

对于所有的公司来说，短期利益在多数情况下压倒长期利益，只有极少数公司充分重视长期利益可以做成百年老店。即使是很有声誉的大公司，也有为了眼前利益不顾将来的现象出现，美国的世通公司、安然公司和雷曼兄弟公司的倒闭就是例证。

有一些无良公司，在政府监管不严的情况下，利用短期行为欺骗客户，赚取黑心钱。比如一些流动的商贩，他们不必考虑留住回头客，兜售假冒伪劣商品。在火车站、长途汽车站附近，还会有一些定点商贩，兜售危害严重的不合格产品或过期食品，因为他们知道这里的客户离开之后，很少会再次来到这里，他们几乎没有机会再次遇到同一个客户。这种靠欺诈为生的公司，不仅仅是利用客户流动特点的小商小贩，凡是在欺瞒的周期短于追溯期的情况下，商业欺诈就很容易发生。比如，在中国屡禁不止的各类非法传销，在世界上赫赫有名的庞氏金融骗局，都是如此。

所有的市场欺骗行为都是在钻监管的空子，他们都知道一旦遇到执法核查，公司只能关张，甚至会进监狱，但他们因受到短期利益的诱惑，顾不了未来。市场上的短期行为还有很多，市场上大大小小各类欺骗性经营，对资源的掠夺性开发，过度发展带来的资源浪费，污水废气的无处理排放造成环境污染，等等，都属于短期欺骗行为。

4. 垄断

在市场经济的发展过程中，由于各种产品在生产中存在着各自不同的生产特点和搭配组合，对于各种不同的行业存在着规模经济问题，每种行业只有达到了某一数量规模才是最经济的状态，如：化工、制造等行业。也有些行业是规模越大越经济，如电信、电力、铁路等。

在公司的经营当中，市场销售的成本占有很大的比重，相对来讲，公司的规模越大其销售费用所占比例越小。在公司宣传品牌时，如果公司要在一定的市场范围内达到一定的宣传效果，公司花费的广告宣传费用是相对固定的。当公司销出的产品越多，每个产品摊销的广告成本就越低。公司的原材料采购成本也与生产规模直接相关，一般来讲采购规模越大成本越低。这些只有大公司才能获得的利益，促使公司持续扩大规模。

大公司可以在短期内大幅度降低销售价格，挤垮规模较小的竞争企业后，再抬高价格获取高额垄断利润。由于垄断可以形成高额的垄断利润，公司在竞争中都力图挤垮竞争者实现市场垄断。自由竞争引起生产集中，生产集中发展到一定程度必然走向垄断，这是市场竞争发展的基本规律。

垄断不仅仅是某一个公司行为，还可能是各大公司联合建立的垄断组织所采取的垄断行为，历史上曾经形成过卡特尔、辛迪加、托拉斯、康采恩等各种不同形式的垄断组织。1890年起美国等国家逐渐开始设立反垄断法，抵制垄断造成的市场独占及其对自由竞争的破坏，今天世界上已经有很多国家都设立了反垄断法。

尽管如此，企业仍可以通过合法的方式取得市场支配地位，甚至垄断地位。国家授权某个企业在某个行业享有独家经营的权力，这个享有特权的企业自然就是一个市场垄断企业。例如，中国的石油企业就是国家授权经营的，具有一定的垄断性质。企业也可以通过知识产权，如专利、版权、软件著作权等，取得市场支配地位。例如，微软公司就是通过知识产权，在全世界的个人电脑操作系统软件市场上取得了市场支配地位。

5.最低工资

在很多地区的某段时期内，工作职位变成了一种稀缺资源，劳动者在劳动市场上的大量剩余，使得劳动者在与公司就工资问题的谈判中不占优势，公司在赚取大量利润的同时，可以任意压低工资待遇水平，严重影响到劳动者的生活质量，甚至影响到他们的身体健康。正因为如此，很多地方政府制定了最低工资标准并强制执行。

经济学界关于最低工资的争论很多，有人认为政府规定最低工资会使企业减少用工数量，造成更多的失业，有人认为不会发生这种情况，支持双方的调查与数据都有。实际上，在不同地区、不同时段、不同情况之下，会有不同的结果，即使在同一地区同一时段，对于不同的行业，也可能发生不同的结果。

在最低工资限制下，那些仍有利润的行业不会减少用工数量，那些几乎无利的行业将会压缩用工提高效率，那些亏损的行业将会破产，还有一些劳动密集型行业会将产业转移到外地甚至外国，到人工成本更低的地方去进行生产。

在企业利润较高的情况下实行最低工资，由于获得最低工资者是社会的低收入者，实行最低工资有利于扩大消费，对于拉动市场需求具有促进作用。市场的扩大可以进一步带动供给量的扩大，从而带动就业提升。政府如果在各行业利润普遍较高的情况下，出台最低工资政策，对于失业率不会有影响；反之，如果在各行业利润普遍很低的情况下，出台最低工资政策，将会使失业率升高。

最低工资对于处于不同状态的各类地区的影响不一样。在出口型产业居多的地区实行最低工资，如果企业利润普遍较高，对于本地消费促进较大，市场扩大可带动就业提升；如果企业利润普遍较低，会导致企业破产或者向国外转移，对于失业率的影响很大。

最低工资对于处于不同状态的各种行业影响也不一样。低端加工企业属于劳动密集型产业转移比较容易，实行最低工资对于失业率的影响可能较大。服务业较难转移（也有例外，如呼叫中心等），人工成本占低端服务业的总成本的比例较大，在利润较高的情况下，实行最低工资对于失业率的影响较小，在利润较低的情况下，会导致企业破产。

政府施行最低工资的效果，会因为地区类型、行业类型、盈利状态等各种不同的情况而不同，一个地区是否实行最低工资，应视当地的具体情况而定。

6.追求奢华

市场竞争的结局无非两个，一个是提高公司产品或服务的效率，降低消耗；另一个是提升产品或服务的性能与质量。提高效率，降低消耗对于人类只有好处没有弊端。提升性能与质量在初期阶段可以给人们带来工作的便利和生活的舒适，但到了一定阶段之后，往往会出现人们为了追求最后10%享受的提升，造成90%的消耗提升，甚至上百倍的消耗提升，这其中包括了物质资源的消耗、人力的消耗、资金的消耗和增加污染的代价。

今天房屋的过度建造与装潢，小汽车的过分奢华，以及各类顶级餐饮、服装、休闲娱乐等消费，各种奢华无不追求其极。在迪拜的帆船酒店最贵的房间，住一晚的房价是2.7万美元，这样的消费对于社会和后代，无疑有严重的弊端。

现在的人们有了空调，在十分炎热的时刻，空调可以解暑纳凉，使人感觉凉爽舒适。但是，很多人在夏季过度使用空调，各界绅士穿着西服坐在空调房间里奢谈节能减排，有的人只要进屋就开空调，有的人习惯于把室内温度调得很低，有的人开着空调盖着厚被子睡觉，还有的人家里为了养着从高寒地区引入的狗，家中的空调就一刻不停地开着。城市中的一部分人开了空调，抬高了原本可以耐受的室外温度，迫使其他人也必须打开空调，更多的人开启了空调，环境温度更高了，形成了恶性循环。

人们这样的行为不仅浪费了大量的能源、破坏了环境，同时也对人类自身的健康带来了严重危害。人与环境共生共存，自然界就是人类的进化的依据。大自然的春、夏、秋、冬，对于人体各有不同的影响。实际上，夏季天热使得人体出汗，一方面提高人体活力，还有一方面是可以帮助人体排出毒素。人们夏季生活在空调环境中，身体出汗大量减少，打破了人体必须的正常代谢，这也是现在很多人得痛风病的一大原因。过度使用空调，既损害身体又破坏环境。

悖论恰恰发生在这里，人类对于享受的追求，正是社会物质财富增长、生产力提升和创造发明的动力源泉，与此同时，奢华的享受又是摧毁人类自身及人类赖以生存的环境的糖衣炮弹。市场不管这些，只要有实现利润的可能，就一定会有人去做，结果可想而知。人类究竟需要舒适或奢华到什么程度？这也不是市场可以解决的问题。任凭市场自由发展，结果只能是越来越舒适奢华，越来越多的资源消耗和环境污染，再加上越来越多的人体退化。

7. 资源挥霍

参考消息网 2018 年 3 月 12 日报道，联合国欧洲经济委员会称，规模达 2.5 万亿美元的时尚行业在全球的用水量排名第二，生产一件棉衬衫就需要 2700 升水，相当于一个人两年半的饮水量。另有美国《时代》杂志报道过 2007 年的一项评估，一条牛仔裤从生产到穿用的一生中需要消耗 3480 升水。据联合国欧洲经济委员会估计，全球有 1/6 的人从事与时尚相关的工作。该行业的供应链，因为不安全环境、对童工和女性的剥削行为而出名。今天，普通购物者购买的衣服比几十年前多得多，而反复使用这些衣服的时间却缩短了一半。衣服快速生产出来并且价格低廉，然后快速磨损，最后被迅速丢弃。欧洲经济委员会称，到 2030 年，全球中产阶级将达到 54 亿人，2015 年为 30 亿人。这将导致人们对服装和其他定义中等收入生活方式的商品需求增加。如果消费保持目前速度，到 2050 年，自然资源需求量将是 2000 年的三倍。

人类日常的生活和生产需要利用地球上的各种资源，如：土地资源、森林资源、草场资源、淡水资源、油气资源、煤炭资源、铁矿资源、稀土资源和有色金属及非金属等各类资源。人类生活和生产依赖所有这些资源，这其中很多种资源是有限的、稀少的和不可再生的。在商业社会中，资源同时又是商品，商品的价格是决定商品配置的关键。

有许多种资源地球的储量原本不高，即使有的资源储量相对丰富，长期来看也是很有限的。有许多资源在人类开始使用时，由于大多数人对于其价值的认识尚不十分清楚，资源定价很低，造成过多浪费。在市场经济条件下，当某种资源还处在相对宽裕的条件时，人们就不会考虑到今后的事情。这时对于该资源的定价往往偏低，造成资源的过度开发和大量浪费，低价也会逐渐形成过度依赖，加速资源消耗，待到资源接近枯竭时，资源价格升高，人们才开始考虑节约，为时已晚。

据路透社的报道，2008 年石油价格接近最高值时，美国是最挥霍能源的国家，那时美国人占世界人口 4%，却用了全球 1/4 的石油。2012 年的石油价格大概是 120 美元 / 桶，从 20 世纪初到 1973 年，石油价格长期处在 2 美元 / 桶以下，从 1973 年到 20 世纪 90 年代末的大部分年份中，石油价格大概在 20 美元 / 桶，2000 年后石油价格不断攀升，2008 年最高时接近 150 美元 / 桶。2 美元 / 桶、20 美元 / 桶、150 美元 / 桶，哪个价格更能反映石油资源的价值呢？当然，石油价格的变化中包含开发成本变化、市场决定权的改变、政治斗争及战争的因素，还有垄断资本人为囤积炒作的因素，等等。这也正从另一个角度说明了，市场通过价格进行资源配置的能力很有限。

在人们开始开发利用一些比较稀缺的资源时，一些分布在发达地区的资源往往先被封存起来，许多分布在较贫困地区的资源被先期开发使用，这就更容易造成早期资源定价很低的情况发生。

今天人们对于稀土资源的使用比石油更能说明问题。稀土是一组同时具有多种特性的新型功能材料，对于电、磁、光以及生物等具有特种作用。稀土有着"工业维生素"的美称，是信息技术、生物技术、能源技术等高技术领域和国防建设的重要基础材料，同时也对改造某些传统产业，如农业、化工、建材等起着重要作用。

在世界稀土储量第一的中国，从 1996 年到 2009 年，稀土资源被许多穷困地区以很低的价格开发出口，短短十几年间稀土储量从 6588 万吨锐减到 2700 万吨。中国产出的稀土 60% 用于出口，其中 70% 出口到日本和韩国。然而，稀土储量世界第二的美国，早早便封闭了国内最大的稀土矿（芒廷帕斯矿），转而每年从中国大量进口。除了生产所需，美、日、韩还通过政府拨款超额购进，存储在各自国家的仓库中。

地区的贫富差别，造成贫穷地区的资源向富裕地区快速大量流动，贫穷地区的低价资源使得资源的价值扭曲，富裕地区认为低价资源没有节约的必要，从而大肆挥霍。世界上发达的地区虽然具有很高的技术优势，但在某种资源还处在较低价格时，从事资源节约的研究并不是一件经济的事情，市场机制不会容许这样的事情发生，在这样的情况之下，机制失效。

资源的价值不仅在于它的开采费用，更在于它们对于人类的不可或缺性与可持续性。例如，人类目前使用的 95% 以上的能源、80% 以上的工业原材料和 70% 以上的农业生产资料，都来自矿产资源。但矿产资源的破坏和浪费现象却非常严重，某些矿产资源如今也正面临枯竭。

8. 环境污染

环境污染由现代工业生产和现代生活方式所形成，导致有害于自然环境的情况发生。为了制造我们人类需要的各种东西，现代的生产在提取有用的材料之后，把原本封存在矿石、煤炭、石油或其他矿物当中的有害物质释放出来，排放到水、空气和土壤当中，直接危害自然界中各种微生物、植物和动物（包括人类）的生存。

生产污染主要来自生产中的污水排放、废气排放、烟尘排放、生产废料、化肥、农药等。现代的生活方式，建立在现代产业提供的产品之上，化工制品、汽车、洗衣机、空调、电冰箱等各类电器在带给人类舒适干净生活的同时，也给环境带来了严重的污染。生活污染主要来自汽车尾气、燃烧废气、洗涤废水、塑料白色污染、过度包装、废弃电池、废旧电器、装修释放及废料、制冷剂氟利昂泄漏，等等，不胜枚举。

发达国家把高污染的产业下放到发展中国家去进行生产，致使发展中国家的工业生产污染非常严重，许多地方的水变臭、气变霾、土变毒，严重影响当地的人畜健康、植物生长，甚至导致微生物变异。然而，发达国家并不能因此而完全幸免于难，仅就汽车、飞机等各种交通工具的排放造成的污染，已经使得发达国家大城市的空气遭受污染；过量洗涤造成的污水排放也不可避免地污染了他们的水土资源；商品的过度包装、一次性用品和废弃物品等带来的垃圾，堆积如山难以降解。这些都是追求现代过度舒适的生活方式，给人类自身环境带来的严重影响。

美国退出世界防治污染的《巴黎协定》，正是因为美国总统、政府官员和国会议员及其家庭所拥有的金钱，可以使他们只购买和食用很少污染的高价"绿色食品"，不用像众多美国低收入阶层一样，每天只能购买和食用粘有各类污染的廉价"普通食物"。

发达的市场经济带给人们空前的物质享受，但是人们在以每天两万多次的频率呼吸着充满有害气体和微小颗粒物的空气，每天饮用着被各种防不胜防的污染源侵袭的水，食用着在被污染的土地与环境下，生产出来的肉、蛋、奶、鱼、虾、蟹、粮食、蔬菜和水果。环境污染是典型的市场失灵问题，单纯依靠市场无法解决环境污染问题，这已经是经济学界的共识。

9. 商业包装

在中国很少有人不知道"脑白金"是"健康品"，但很少有人知道"脑白金"的主要有效成分是褪黑素，更鲜为人知的是，褪黑素是人体大脑中的一种叫作松果体的激素腺体分泌的一种激素。褪黑素对神经系统有抑制和镇静作用，当大脑中松果体分泌的褪黑素达到一定量时，人们就会产生困意想要睡觉了，当这种激素在人体内含量不足时，人就会睡眠不佳。松果体对光线很敏感，白天褪黑素分泌减少，晚上增多。随着年龄的增长，褪黑素分泌量下降，这是人体的自然生理现象。

"脑白金"的广告告诉人们，适时补充"脑白金"可起到改善睡眠的作用，但是，很少有人知道口服褪黑素后，会不会抑制人体自身大脑中的松果体分泌褪黑素，因为此项研究不产生利润。激素被精心地包装成了健康品，通过铺天盖地的广告狂轰滥炸，促使年轻人购买"脑白金"当作礼品，孝敬年迈的父母。这样的商业包装设计精巧至极，它绕过了人们不愿意食用激素，绕过了老年人不舍得花钱，绕过了药物难以作为礼品等各种障碍。"脑白金"成功的市场营销策略，在数年时间内，使"脑白金"成为中国大陆知名度较高的保健品品牌之一，年均利润曾一度达到 4 亿元人民币，仅 2005 年春节期间的销售额就达到 8.2 亿元人民币。"今年过节不收礼，收礼只收脑白金"则成为中国流行的广告词之一。

这就是金钱推动的商业包装与商业炒作的巨大力量，在今天这样的电子化媒体时代，商业广告已成为人们思想观念的重要源泉，人们不得不顺着金钱牵引的方向，不由自主地被引向未知的远方。

10. 商业误导

在牙膏的广告上经常可以看到，牙膏顺着牙刷较长的方向被放在刷毛上，或是牙膏顺着牙刷刷毛，从一端被挤到另一端。人们刷牙真的需要用那么多牙膏吗？结论是否定的。一般来讲，仅需要广告显示的 1/3 就已经足够了，每个人都可以在刷牙时轻易地来验证这个说法。

做牙膏广告的人，不是生产牙膏的厂家，就是卖牙膏的商家，他们这样误导可以增加公众的牙膏消费量，于是他们可以卖出更多的牙膏，形成更多的销售收入。由于牙膏是生活中的日常必需品，这样的误导势必造成公众的过多支出。更糟糕的是，更多牙膏使用后形成的污水浓度更高，更难以处理，另外还有废弃的牙膏皮、牙膏盒以及牙膏生产过程所产生的环境污染。

每种产品在销售了一段时间之后，就会有很多其他企业模仿，竞争加剧导致价格和利润下降甚至无利可图，企业不得不持续开发新的产品，以维持企业利润。当某类产品发展到一定阶段，公众的一般需求已经被基本满足。这时企业只能想方设法开发一些平时不太被大家所重视的需求。企业为了引起大家的重视，就诉诸广告狂轰滥炸，竭尽鼓噪之能事，甚至不惜夸大其词。

专门为去头屑研制的洗头液就是一例。的确有些人较长时间没洗头后，头屑较多，影响形象。厂家抓住这一点，研发专门去头屑的洗头液，然后为了增加销售量，拼力制作广告，夸大头屑对形象的危害，奋力在公众心目中营造不用他们的产品，就会影响个人形象的印象。其实，头屑的存在原本是人的生理现象。对于注意个人卫生的人来说，不可能有过多头屑，略有头屑原本就无伤大雅，根本无须专门去刻意关注头屑。

厂商为了赚钱制造出各种各样的无需产品、过度产品或有害产品，制造广告误导消费者，这在商场上司空见惯、数不胜数，保健品、化妆品、洗涤用品等都是商业误导的重灾区。商业误导是市场无法有效调节的，甚至是由市场助推的。

11. 商业炒作

在市场不发达的年代，最初的市场交换当中，交换范围很小，交换数量很少，交换次数频繁，多数交易都是发生在邻居、邻村。这样使得交易者不愿意为一次小交易冒险，而损失客户的长期多次购买。如果某个商人的信誉不好，乡邻之间口口相传，他就没有下次生意了。在这样小范围的市场内，由于条件的限定商家不敢失信于客户，小市场对商家自身诚信提出了很高的要求。

随着交通发达和专业化分工日益深化，市场的范围不断扩大，参与者日益增多，交易的移动性加强。交易范围广阔带来的是参与者之间的信息不对称，给卖方制假售假和买方拖欠货款造成了可乘之机。许多商贩今天在这家市场交易，明天到那家市场交易，市场参与者日益增多和交易的移动性上升，也给无信誉商家带来了可乘之机。现在全球化带来市场范围的无限扩大，商业信誉缺失造成的交易成本不断加大。

随着市场范围的不断扩大，商业品牌应运而生，品牌的信誉效应逐渐显现出来。最早一个小商家因为产品质量好、价格合理、服务周到或信誉良好，逐渐形成了自己的品牌。后来有了报纸的帮助，品牌传播的范围更广、速度更快、效率更高。报纸早期是独立的业务，依靠卖消息生存，而不依靠做广告生存。在媒体依靠广告生存的商业模式出现之后，媒体广告便成了打造品牌最有力的工具。

一个企业为了扩大自己的市场，在市场上不惜花费重金做广告，宣传自己的品牌。当一个品牌做到家喻户晓，品牌的价值随之升高，企业就会十分重视自己的产品质量和服务水平，维护自己的品牌声誉。俗话说："好事不出门，坏事传千里。"建立一个品牌十分不易，但要，只要某一环节出现问题就足以摧毁一个品牌。品牌就代表了企业或产品的信誉。

如今品牌、广告与传播已经变成了专门的学科，用来研究如何利用人的心理特征和各类媒体的特点，在公众的心里打造品牌。品牌在建立诚信的同时，也带来了市场炒作等负面影响。

有许多大牌的时装、皮具、箱包等商品的主要成本，不仅包含商品的设计、制造费，还包含了其品牌打造的费用。最终买单的当然还是消费者，人们花费了许多金钱仅仅购买了原本无谓的名牌价值，消费者花了大钱买到了一份品牌给予的满足。另有一些没有社会责任的无良企业，也同样学会了利用媒体广告包装、误导、暗示大肆进行市场炒作，在人们被狂轰滥炸的广告炸晕过去，还没有反应过来之前，获取短期巨额利润。

当代社会中，依托金钱进行宣传的力量是非常巨大的，人们每天几乎所有的信息，都来自媒体，而几乎所有媒体，无论是报纸还是杂志，也无论是电视还是互联网，他们大部分的收入都来自广告，受到金钱利益驱使的商业宣传，无时无刻不在包围着每一个人。

12. 诚信缺失

市场上有一条几乎人人皆知的潜规则——卖家只讲商品的好处，不讲弊端。商业竞争正在迫使厂家追求利润，开发出很多违反自然规律的新产品。这些产品有好处也有害处，有些产品好处大于害处，有些产品是仅对一部分人有好处，企业只宣传容易被人看到的好处，隐去害处，而有些产品甚至害处大于好处。

市场上销售的许多保健食品，原本只适用于身体极度虚弱或是对某种营养高度缺乏的个别人群的特殊需要。商家为了扩大销售，竭尽广告宣传之能事，夸大保健食品的作用，甚至号召或暗示大家长期食用，隐藏了长期食用会引起人体自身对该营养吸收能力的退化。正是因为他们的片面宣传，很多原本不该食用保健食品的人，或只需要短期食用的人也加入了长期购买的行列，使得保健食品的市场不断扩大，现在保健食品产业已经变成一个十分庞大的行业。

据财新网报道，2017年5月2日，罗兰贝格管理咨询公司发布《千亿保健品市场，蛋糕谁来分享?》的报告。报告

称，2015 年，中国保健品市场规模约为 1200 亿元，相比 2005
年的约 450 亿人民币增长了 2.7 倍。报告预测，未来中国保健
品市场仍将以高于本国 GDP 的增速增长，2015—2020 年的年
均增速将达到 8% 左右，市场规模预计至 2020 年将达到 1800
亿元左右。

　　世界上的事情大都具有两面性，有利于赚钱的一面有人出
钱出力鼓吹炒作，不利于赚钱的一面无人提及，世界上许多事
情的道理，就是这样被商业利益给扭曲了。这样的情况在今天
的保健食品行业、化妆品行业和医药行业俯拾即是，严重威胁
到人类的健康与繁衍。诚信缺失何止保健品等行业，所有消费
品行业几乎都有，这一切也都是市场效应。

　　同时市场上还有着千千万万个不知名的小企业和个体商贩，
他们没有品牌，多数小商贩都做诚信生意，但也总有不法商贩
不时进行坑蒙拐骗扰乱市场，豆芽菜上化肥、地沟油做早点，
甚至鸡蛋都可以造假。离开了诚信经营和有效管制，市场经济
秩序就会受到严重破坏。

　　进入互联网时代，网上出现了"刷榜"。"有排名的地方就
有刷榜"。正如在淘宝网上有大量的卖家"刷信用"，在大众点
评网上有商家雇人"刷好评"，在微博上有水军"刷转发""刷
评论"一样，在苹果的 App Store 排行榜中，也有人通过"刷下
载量"的方式帮助某一款应用迅速提升排名。因为用其他推广
方式要达到同样的效果，成本至少要贵一倍以上，有的是三四
倍。如何应对这些互联网时代的造假，目前还没有很好的应对
办法，虽然有些网站也采取了一些技术措施，却总是"道高一

尺，魔高一丈"，距离有效防范还有很大差距。

13. 欺诈

商品有两个最重要的属性，一个是性能和质量，再一个是价格。在市场上商品无论贵贱，除了遇到一些市场突变的情况，只要成交，大多数交易是互利共赢，这也正是市场的有利有效之处。

中国人讲"无商不奸"是说商人总是有所隐瞒。这话不无道理，市场总是存在一定程度的隐瞒性，这就是市场的本来特性。在市场上，没有一个卖家会告诉买家，自己的成本或底价究竟是多少，总是会说自己不赚钱，或赔本销售。

然而，一般来说市场经济不认为成交价格的高低是欺诈行为，市场公认的是无论在什么价格下成交，只要成交就是买卖两利的交易。但是，在成交之后，如果买方发现商品的性能或质量出现不符合约定或公认的情况，就必将给买方带来损失。市场上往往是卖方掌握了商品更多的性能和质量信息，如果卖方刻意隐瞒尤其是有关不符合约定或公认情况的信息，卖方就构成了法律上的欺诈。

大多数产品上市之后经过一段时间，市场竞争逐渐激烈，利润率不断降低，公司为了保证自身的盈利水平，不断推出新产品进行更新换代，一些公司仅进行产品更新还不能维持其盈利，他们还需要进行产业升级。金融行业是市场经济中所有产业升级的最后阶段，今天金融行业自身的产品创新，已经远远超出了助推实体产业的实际需求，甚至已经背离了金融行业的使命。

　　现代金融始于金本位时代，那时虽然有银行依据存款进行资金放大贷款，但资金紧缺依然是制约经济发展的重要因素，在那样的环境下，现代金融产业应运而生，不断发展壮大到了今天。时至今日，金本位早已经不存在了，资金的稀缺再也不是经济发展中非常重要的制约因素。

　　金融行业的出现和存在，原本是为了让资源得到更高效的利用，实现资金在市场上的最佳配置。金融行业的这一使命早在股票、债券等的一级证券市场上就已配置完成，如果说二级市场的存在是为了给一级市场提供一个退出机制，对一级市场进行补充和调剂的话，那么有谁知道现在发展出来的 N（N>2）级市场，又是为什么而存在的呢？现在的金融创新，也就是所谓的金融衍生品，N 早已远大于 2，仍然在不断地发展。

　　金融衍生品的质量就是它的风险程度，隐瞒风险就是诈骗。有相当数量的金融衍生品被越来越多地证明是诈骗。那些只有一两个人才明白的，或是根本就没人明白的复杂数学公式，为这些诈骗提供了所谓科学的外衣。金融衍生品是为制作衍生品的人而设计的，制作衍生品的人必然获利，被骗入局者必然"割肉"。世上没有无中生有的道理，有赚的，就得有赔的。这些金融衍生品几乎完全不具备为实体产业优化资产配置的功能，在这其中有人赚了、有人赔了，从赚钱者的角度看，金融衍生品是科技创新，可以化解风险；从赔钱者的角度看，金融衍生品是诈骗术，令其承担风险；从全社会的角度看，金融衍生品是把金钱聚向顶富阶层的加速器，是阻止社会经济发展的最大祸根。资本正在把最"聪明"的人用最高的薪水聚集起来，去诈骗其他人，这就是华尔街的商业模式。

任何实业都具有商业风险，没有人冒险就不会有企业的成功，也就不会有社会财富的增加了，通过资产配置化解实业冒险者的一部分风险，对发展实业有利。但是，无穷尽地在纯粹的金融领域"化解风险"，只是上层有钱人为了向底层转移风险编制的游戏，没有任何促进实体产业发展的实质意义，也违背了建立金融行业的初衷与使命。

从社会整体上看，大多数金融衍生品也根本没有化解任何风险，恰恰相反，只会加大运作成本，增加金融行业的整体风险，加速资金流向极少数最富裕的人。事实证明这一风险代价非常高，1929年美国波及欧洲的经济危机，和2008年美国次贷引发的全球金融危机，全世界都为他们付出了巨额代价就是最好的例证。

这里描述了市场的一些弊端，但还不是市场最根本的弊端。市场最根本的弊端是市场把金钱向着社会富裕阶层聚集的作用，这一作用也是带来经济危机的根源，这一点比较隐蔽和复杂，不易被人们理解，且容在后面专门论述。

（三）市场用钱政府用权

前面讲了市场的利弊，人们必须清醒地看到，市场具有非常巨大的利用价值，同时也有一些与生俱来的缺陷，应该扬利除弊。人们需要清晰界定市场的边界，发挥政府的监管和调节功能，才能充分发挥市场的积极作用，避免市场的弊端，顺利实现社会的经济发展。

1. 市场的边界

市场交换是人类的一项活动，同其他活动一样，市场交换也需要一定的环境，但是，人们似乎还没有充分重视这个问题，市场交换到底需要哪些必不可少的环境条件呢？

首先，买卖自由，不能发生强买强卖，更不能发生抢劫。如果经常发生类似的事件，人们将不会再为产销产品而竞争了，竞争的内容就会立即变为武力争斗。原因很简单，对于强者来说，抢劫比产销容易得多；对于弱者来说，制造的结果就是被抢走，造与不造都是没有，还不如不造。

在今天的世界上维持市场环境条件的只能是各国政府。各国政府领导军队和警察，时刻保卫着市场需要的、自由和平的市场环境，军队保证国家不受外来侵略，警察维护国内的市场秩序，政府为了市场公平有序地运行，出台各项法令法规并强制执行。

其次，市场仅仅有一个自由和平的环境还很不够。在市场运行中，还会发生由于市场自身的规律必然要发生的情况，然而这些情况不利于市场公平有序进行，并且无法在市场内部通过交易得到解决。这些事情除抢劫和强买强卖之外，还包括经济波动、恶意欺诈、追求垄断、超低工资、制造污染、挥霍资源、盲目投资、金融过度衍生，等等。

凡此种种，如果没有相应的引导与约束，所有这些人类的"需求"，只要有利润或有利润预期就会有人去"满足需求"，这些都是市场经济的根本法则所导致的市场弊端，这些弊端都需要有人去阻止或限制。

2. 危机来临时只有靠政府

2008 年，全球金融危机由雷曼兄弟公司破产拉开了序幕。这次危机发生在美联储长期实行低利率政策背景下，美国的房利美（Fannie Mae）、房地美（Freddie Mac）利用美联储长期的低利率，制造了大量的房产次级贷款，美国各大银行和金融公司也投资其中，在房产次贷的刺激下，全美利用金融衍生品制造了房产投资的巨大泡沫。

2007 年，次贷泡沫逐渐开始破裂，牵连的银行越来越多，雷曼兄弟公司破产后，如果美国政府不出手救助，美国整个银行业都将在劫难逃。在面临美国金融行业彻底崩溃时，美国政府不得已借钱给各大银行，美国央行采用量化宽松政策，才挽救了美国经济免遭崩溃的厄运。

与此同时，美国的金融危机蔓延到欧洲，还影响到所有发展中国家，20 国集团的政府也不得不联手救市。到了 2012 年，危机爆发四年后，美国量化宽松的货币政策导致美国印发了大量美元，国债日益高涨，即使如此，美国的失业率仍然居高不下。欧洲的主权债务危机此起彼伏，欧洲各国政府紧缩财政，欧洲央行加大欧元发行力度，支援主权债务危机最严重的国家，大多数发展中国家的经济发展一直萎靡不振，直到 2017 年末，全球经济才看到好转的迹象。

经济危机一直伴随着市场经济发展，每隔几年就会发生。由于经济危机对于人们的生活影响很大，人民群众希望政府干预解决经济危机的要求非常强烈。在凯恩斯的理论出现之前，政府并不十分清楚到底应该如何干预经济，政府对经济的干预处在探索当中，而此时凯恩斯的理论为政府提出了一套干预经济危机的思路与方法。

迄今为止，每当经济危机到来时，已经没有哪个政府可以袖手旁观。依据凯恩斯理论的经济刺激政策，目前仍然是在危机到来时，很多政府唯一可用的方法。在经济危机面前，虽然很多经济学家高声呼喊政府无用，但民众却不答应政府无所作为。但是，由于凯恩斯理论并不彻底，其经济刺激政策在危机当中可以起到暂时缓解经济衰退的作用，按照他的理论进行经济刺激的最终结果，必然是通货膨胀，这已经变成了经济规律。

从凯恩斯以后，政府事实上已经不可能在经济危机来到时无所作为了，但现在摆在政府面前的问题是：如何干预，才能在危机到来时，有效迅速地走出危机；如何干预，才能事先尽量避免或减弱市场的经济波动。

3. 没有政府就没有市场

哈耶克等经济学家强调政府不应干预市场。他们认为市场价格竞争机制才是最佳资源配置方式。市场的确有着非常有效的供需调节作用，几百年来市场的蓬勃发展为人类带来了巨大的利益。但是，人们不能以利盖弊，人类必须认识到市场不是万能的，市场有利也有弊。

社会经济发展的历史告诉世人，市场行为只是人类社会活动的一部分，市场的运行需要必不可少的边界条件，对于社会经济发展来说，市场自身存在缺陷，需要不断完善。只有在政府参与下，不断完善市场边界，调整和改善市场内部机制，市场才能健康发展，更好地为经济发展服务。对于抢劫、垄断和污染等的防止和治理已经强有力地说明了这一点。反垄断、食药监督、金融监管、最低工资、污染防治等都是现在社会普遍采用的政策法令，这些法令的采用与执行解决了市场自身无法解决的问题，正是政府参与经济的成功案例，离开了政府对这些法令的强力执行，现代经济根本无法正常运行。

完善的市场边界和内部机制是货币学派所倡导的货币数量论的前提，没有这个前提，货币理论将难以成立。货币理论根本无法解决货币向富人的聚集，以及由此带来的经济周期波动的问题。只有在政府介入下，完善市场边界和内部机制，以致大幅减弱或消除经济波动后，货币学派的理论才有用武之地。现有的经济理论甚至都没有清楚地认识到，货币流向富人对于经济的阻碍作用，更不要说解决这一问题了。

无论是市场必需的环境条件，还是市场自身无法解决的内部矛盾，都需要在市场以外寻求解决的力量，解决这些问题都无法离开政府。不要政府介入经济，经济必然陷入一片混乱。在人们生活需求基本被满足后的经济发展，更是需要政府进行明智的引导和规范。

从几百年来市场经济发展的经验来看，面对前面提出来的经济波动、盲目投资、恶意欺诈、资源挥霍、贫富加剧、商业误导、追求奢靡、过度舒适、过度洁净、过度游戏等发生在市场经济当中的问题，如果没有政府的介入，根本不可能依靠市场自己的力量来解决。这些问题的产生正是市场规律所导致的，如果人们仍然需要依靠市场这一相对高效公平的机制来发展经济，就必须依靠市场之外的力量，来处理好这些问题，以便市场可以更好地为社会经济服务。

4. 政府的主导作用

历史告诉人们，市场经济的自然发展是一个缓慢渐进的过程，各国政府都对市声场经济发展发挥了重要的作用。

中国的社会主义市场经济发展与众不同，中国的经济是在政府主导下发展起来的市场经济。在中国的经济发展之中，各级地方政府对当地开发区的引领是地方经济发展的关键。经济学家张五常教授曾把中国经济发展模式总结为"县域竞争"。全国每年发生的经济增量，有很大的比例是发生在政府主导的经济开发区中，这是各级地方政府招商引资的结果。国内几乎所有的桥梁、公路、铁路、机场、电力、通信、输油管道、城市地下管网等大型基础设施都是由政府规划、主导组织建设的。中国的高速发展说明正确地发挥政府的作用，对于推进市场经济的发展成效显著。

即使在发达的市场经济国家，政府对经济的发展进步起着越来越重要的作用。"二战"后就有美国援助欧洲的马歇尔计划，近年来政府的作用更是不断增加，这一点只要从发达国家的领导人出访他国时，所率领的企业领袖的队伍规模，就不难看出。这支大军的规模不断扩大，从一个侧面说明了，政府对本国经济所起的作用如果不是引领至少也是助推。更不用说，各国政府在日常市场监管中发挥了不可或缺的作用，在经济危机中更是力挽狂澜。

当然，政府参与经济活动也有许多弊端，其中最为突出的是政府自身工作的效率低下，还有容易滋生腐败、官僚作风、扯皮推诿。这些都是世界性的普遍问题，还有待各国政府不断改革工作机制，这也正是多数经济学家反对政府参与经济的主要原因。

经济发展的过程实质上是人的思想观念接近市场经济模式的过程，政府的主导就是促进和加速人们思想观念转变的引领实践，在这个实践的过程中，就一定可以提高人们对于市场的认识水平，从而提高经济发展的速度。

第二章　市场与货币
的自然发展

当今的全球经济体系是市场经济，是按照市场规律运行的经济。市场是由供需交易构成的，市场的供给与需求反映了人们的出售与购买、雇佣与受雇佣以及生产与生活的关系。早期的市场交易是以物易物的形式进行的，这是最朴素的市场关系，但只有在这里市场经济的脉络才显得清晰。后来货币的出现使得市场上的供需关系演变成以货币计算的物价和工资。当银行、证券和期货市场出现之后，存款、贷款、债券、股票、外汇、金融衍生品以及期货等各种金融及混合交易逐渐涌现，使得经济体系变得越来越复杂了。

（一）市场的运行

市场交易是自然发展而来的。在古代的一些相对和平的环境中，人们用节省下来的货物或"剩余"的货物，去换回更为急需的其他货物，因为早期可用于交换的货物不多，交换的需要并不高，人们仅在熟人之间交换个别物品，互通有无，后来逐渐出现了专为出售而生产的商品，和约定日期和地点进行的集市交易，集市发展起来后又有了借助货币的交易。

早期由于交通条件的限制，更由于原始分工的不发达，交易涵盖的地域范围很小，交易量也不高，随着水陆交通和工业分工的发展，渐渐地才有了今天的市场。从总体上来说，最早期的市场可以分为两个市场，一个是商品交易市场，另一个是劳务交易市场。

在商品市场上，买方希望物价越低越好，卖方希望物价越高越好，成交价格受到双方承受力的限制。买方受限于可以用于购买所需商品的金钱数量，卖方受限于他得到该商品时已经支出的成本。当买方握有更多的金钱时，他才可能为购买商品承受更高的价格。卖方只有在他的商品具备更低的成本时，他才可能拥有更多的降价空间。

在劳务市场上，受雇者希望工资越高越好，雇主希望工资越低越好，成交价格也受到双方承受力的限制。受雇者受限于他的生活开支，雇主受限于他所生产的商品的市场价格。受雇者只有在迫不得已时，才会接受相比同行更低的工资。雇主在其商品的利润或预期利润相对较高时，才可能支付相比同行其他企业更高的工资。

商品和劳务两个市场相辅相成，只有让购买者挣到足以购买产品的钱，和让生产者卖出的产品不赔本时，市场才持续运转。两个市场必须维持相对的动态平衡，一旦破坏两个市场的平衡，必将导致经济发展的重大波折。

在市场经济条件下，企业运用资本或贷款（别人的资本），通过购买生产设施、原材料和员工的体力或脑力劳动，在生产过程中制造产品，再经过市场销售，最终形成销售收入，并产生超出成本的利润，这就是资本在产销过程中产生利润（包括利息）的过程。

劳动者通过在企业付出的劳动挣得工资，再用工资到市场上为自己的家庭生活，购买饮食、衣物、家具、电器、汽车、房屋等各类商品；购买娱乐、旅游、教育、医疗、保险等多项服务，形成家庭的日常消费，以此保障自家生活的持续运转及提升。

在商品市场上，各类家用生活消费品都是商品，所有生产设施、原材料也都是市场上的商品，是产业链上所有各环节劳动的成果。与此同时，在劳动力市场上，员工的体力劳动与脑力劳动也是商品，而人的工作能力来自人的生活消费。正是两个市场的相互配合，才完成了市场经济的正常运转。

随着生产力或生产效率的不断提升，社会的产出也越来越多。更多产出的产品，一部分用来增加消费，提升生活水平，还有一部分被用于扩大再生产。由于社会产出的、消费之外的剩余越来越多，就会被投入扩大再生产之中。今天市场经济能有如此大的发展和成就，是因为在市场经济的环境下，不断地有消费剩余转为资本投入产业，进行扩大再生产。市场上不断追加投资的根本目的是获得更多的利润，利润是投资的根本动力。

金融市场是在前两个市场发展到比较大的规模之后才逐渐发展起来的，是以货币、债券、股票、外汇等证券为交易内容的第三个市场。现代金融市场可以把社会上一部分家庭中闲置的资金，转移到急需资金的产业中去，存贷、债券、股票、兑率等金融手段，更好地解决了沉淀资金的有效配置问题。社会资金沉淀实质上意味着社会产品库存，假如不存在产品结构问题，有效配置资金意味着社会对库存产品的有效吸收，实现沉淀资源的有效配置是金融行业的使命。

期货市场是一种商品与金融混合的市场，期货市场的运行，前期主体是金融交易，最后的交割才具备商品交易的性质，它是现货市场和金融市场的一个有利补充，为人们提供各种大宗商品的价格预期信息，由此可以更准确地反映出各种大宗商品的供求关系。

人们在生产商品（或提供服务）时花费了劳动，这使得商品具有了价值。无须劳动就能获得的东西不具有价值，比如早年没有污染时的空气，尽管人时刻不能离开空气，那时没有人会觉得空气具有什么价值。然而，市场上商品价格并不完全取决于获得商品所付出的劳动，而是主要取决于市场的供求关系。人们对于劳动的价格判断也是这样。

人们对于商品价格的判断，依据的是人的内心价值感知。这个内心感知实际上是由商品所包含的劳动价值，供求关系状态，本人自身的购买能力和需要的迫切程度，甚至包括某商品现价演变的历史等因素相结合形成的。这样的内心价值衡量体系，无法使用恒定的度量单位来计量。在市场自然发展的历史中，人类采用了货币来计量商品对于自己的价值，或作为人对商品价格感知的代表（表示、表达）。

人类最初经过各种筛选，选择了贵金属作为货币。作为货币的贵金属与其他商品之间存在着相互衡量的关系，相对于市场上流通的各种商品的总量，贵金属多了就会贬值，少了就会升值，贵金属以其稀缺性保持其价值的稳定。

货币发展到了现在，已经摆脱了贵金属稀缺的束缚，不过，当代货币在经济发展中仍存在供需平衡问题。与商品的供求关系相同，货币的发行数量也会直接影响到货币自身相对于商品的价值。市场上货币存量少于市场上商品交换和存储所需要的数量时，货币将会升值；货币存量多于商品交换和存储的需求时，货币将会贬值。现在的市场正是在用一个浮动的值（货币价格）去衡量另一个浮动的值（商品价格）。当货币发行数量大大超过正常需要补充的数量时，货币的价值衡量功能，就会遭受严重破坏。

（二）货币的演变

市场交易在最早的时候是以物易物的交换。人类生产力的发展不断促进市场交换发展，当以物易物的市场交换发展到一定的程度时，易物交换不够便利，限制了市场的发展。当交换的规模扩大时，就会有几种困难发生：一、在市场上当时可能没有自己想要交换的货物；二、那个有自己想要的货物的人，又不一定想换自己的货物；三、在交换的过程中，各种物品间的换算十分困难，被交换物品的价值很难判断；四、交换回来的货物较多时，就会有储藏问题，有些货物尤其是容易变质的货物，在湿热天气中很容易腐烂。

面对以物易物交换的不便，市场上发生了一种潜在的需求，如果有一种物品的出现可以缓解这几种困难，会有利于推进市场的更大发展。经过市场长期演变，贵金属货币便逐渐产生了。

在市场发展的过程中，人们逐渐使用金、银、铜等贵金属作为一般等价物，来衡量其他物品的价值，利用贵金属作为交易的中介物品和保持价值的储藏物品。由于交易价值中介物的出现，给市场交换提供了极大的便利，渐渐地贵金属就变成了市场上的货币。在贵金属成为货币之前，最早作为货币的还有牲口、食盐、贝壳等。

　　贵金属能够成为货币，有一定的必然性。首先是因为贵金属比较难以得到，这保证了贵金属自身的价值不易发生变化；其次是与其他物品相比，贵金属价值较高、体积小且不易磨损，所以便于携带；再次是贵金属不会变质，易于保存；最后是贵金属易于分割，便于计量和收支。贵金属的这些品质正好适合市场对于货币的要求，于是金、银、铜等贵金属作为货币便应运而生了。货币的诞生对市场交换的发展，起到了巨大的助推作用。货币作为市场交换的中介具有五大作用：一、价值尺度；二、交换媒介；三、储藏手段；四、支付手段；五、世界货币。

　　在社会的生产与生活中，只有实物产品才能对人发挥实质性的作用，货币只是为了方便交换而使用的中介信物，在经过了货物—货币—货物的交换过程后，货物被生产出来并消耗掉了，货币却不会损耗，在市场中流通，可以循环使用。

　　无论是货物还是货币在市场上流通时，必然包含了货物与货币的交换和存储两个过程，这个存储是为了交换而必须的存储，而不是因为交换不出去产生的长期积压，长期积压已经超出了流通的范围。

　　货币一旦成为货物交易的中介，市场上就需要具有与在流通（交换与储存）的货物价值量相等的可用于流通（交换和储存）的货币。在贵金属货币时代，市场上货物的价格是依靠各种商品相对于贵金属的价格来计量的，与此同时，市场上贵金属的价格，也是依靠贵金属相对于其他商品的价格来计量的。

　　在市场上货币价格也同其他商品一样，是由供求关系决定的。对于一个封闭的社会来说，当市场上存在正在流通的价值100镑黄金的货物时，市场上也必须有正在流通的100镑黄金，只有这样市场交易才能够顺利进行。当市场上只存在正在流通的100镑黄金和价值100镑黄金的货物时，货物会按照原有的价格在市场上交换；如果这时市场上的黄金存量突然增加了20镑，而正在流通的货物数量没有发生变化，货物的价格就会上升，或者说黄金就会贬值。

贵金属作为货币，是以其稀缺性作为其价格的信用保障的。没有人可以轻易获得这些贵金属，因而保证了贵金属价格的恒定。用贵金属作为货币的前提条件，必定是一般商品与等价的贵金属相比，贵金属更难以获得。因此，市场需要与正在流通中的货物等值的货币，就必须至少花费与之相等量的劳动才能得到。这些劳动就算是市场为了获得交易"工具"而付出的"工具"制作费了。也正是因为如此，贵金属作为货币，就必然对经济的快速发展形成制约。

不得不说，市场利用贵金属作为货币虽然带来了便利，但其代价不菲，好在贵金属货币可以重复利用。正是因为如此，一段时间内市场交易数量和流通速度，决定了市场对流通货币的数量需求。这还仅是用于正常交换手段的贵金属货币，不包括长期用于家庭、政府或商家作为储备手段的贵金属货币（那时没有现代银行），若再加上这些储备代价就更大了。虽然，使用贵金属作为货币就必然付出代价，同时还会制约社会经济的快速发展，但若不是这样，就无法保证货币的信用。

早期市场交易货物主要是农牧产品，生产周期以年计量，获得贵金属就成了当时社会为了获得市场带来的利益而付出的沉重代价。现代工业生产中货币与其他商品的流通速度大大加快，如果货币的流通速度是每年周转12次，那么市场上所需要的流通货币就是每个月市场货物流动总量，或者说当年市场货物流动总量的1/12。货币流通速度越快，市场需要流通货币的相对数量就越少，越慢则越多。如果市场上正在流通的货物的数量与流通的速度长期保持平衡，市场所需要的货币就是一个相对恒定的数目，无须增减。假如货币的流通速度是每年流通1次，当某年市场上的商品流通数量上升时，就需要增加货币的数量，货币增加的数量需要等价于流通商品的增量，这样才能满足市场发展的需要。在当时的条件下，如果社会上超过正常流通速度，长期（超过1年）贵金属储藏的数量上升，就还需要额外增加贵金属的数量（长期储蓄平均量），才能够足以维持商品市场的正常运转。

　　从储藏手段的角度来看，货币在实际市场交换过程中，并不完全是在不停地运转之中，货币参与交换，就必然形成货币储藏。长期储藏货币流出了市场，进入了家庭、政府或商家的储藏箱，直到主人再次拿出来购买商品。在这段时间内，这部分货币不参与市场流通，货币长期储藏就会影响货币的整体流通速度。货币长期储藏时，在货物以货币衡量的价值不发生变化的条件下，市场加储藏需要的货币总量将超过正在流通货物的数量。这也意味着，人们为了贵金属货币带来的市场利益，还需要再为此付出更多的额外劳动。由于贵金属的稀缺性，经济发展越快，货币越发稀缺。货币相对于货物的价格升高，会导致不断升值，造成更多的货币储藏，形成恶性循环。

银行的诞生减少了市场对货币的需要量。银行把人们原本储藏在家里、企业或政府的货币收储到银行。再借贷给企业，这样银行把社会上闲置的货币收集起来，再次投入了市场的货币运行之中，大大加快了实际当中货币的流通速度，大幅减少了因为储藏货币所带来市场对于货币数量的额外需求。

到了 17 世纪，在欧洲流通的主要是金币，富裕的人们手中的金币太多时保管不安全，就把金币存入金匠店铺，这种金匠店铺后来发展成为商业银行。银行在客户存入金币时，交给客户等值的银行券，作为客户存放金币的收据，当客户需要取回金币时，再把银行券交还给银行，并支付给银行一点保管费。随着市场经济的快速发展，由于银行券肯定可以在银行换取金币，逐渐地银行券也可以在社会上流通了。并在多年的经营当中，逐渐发现被取出银行的金币总是少于被存入的金币，银行认识到把存、取金币的差额也印成银行券，借贷出去可以赚取更多的利息。再后来，甚至银行放出的银行券远多于银行库里的金币。于是纸币在市场上逐渐多起来了，这就是现代纸币的来历。

尽管那时的纸币还只能用于本国，国际贸易还只能依赖贵金属货币。纸币在国内的流通，大大缓解了由于贵金属的稀缺给经济快速发展带来的资金不足的束缚。到 18 世纪中叶，英国已经发行了很多的纸币，不过那时的纸币还是和贵金属相连，作为其价值的最终信用保障。这一保障一直延续到 1971 年，时任美国总统的尼克松宣布放弃美元兑换黄金。

　　历史上最早的纸币可以追溯到中国的北宋时代，早在宋仁宗天圣元年（1023 年）北宋朝廷发行的"交子"货币，被公认为世界上最早的纸币。具有现代意义的纸币，是各国中央银行依据国家授权印发的货币。最早的现代纸币，被普遍认为是1833 年由英国政府赋予无限法偿资格后，英格兰银行发行的银行券。这是世界上最早有法律授权发行的纸币，所以也称为"法币"。世界上最早的银行可以追溯到公元前 2000 年的巴比伦，那时的寺庙就已有经营保管金银、发放贷款、收取利息的活动。早期的银行都是私人银行，代表国家发行货币的中央银行出现在 19 世纪。1844 年，英国通过"英格兰银行条例"即皮尔法案，英格兰银行获得独占货币发行的权力，成为世界上第一个真正的中央银行。

　　在市场发展的历史上，与其他商品一样，作为货币的贵金属来自参与市场的一些交易方（如淘金者），并非来自银行。这样，银行作为市场中专门经营货币的一方，只有先揽收了存款，才可能借出贷款。这一条对于今天非金本位纸币时代的银行，依然是其运行的根本规则，这是由商业银行作为营利性企业的性质所决定的。

　　今天全世界各国的货币，已经彻底从以贵金属作为价值信用保障的货币，演变成由各国法律授权的中央银行发行，以国家主权信用作为其价值保障的纸币。当今世界各国货币的实质就是国家信用。货币不再来自参与市场交易的各方，货币的供应方已经变成了国家中央银行。这是一个根本性转变，货币在这个时代的使命就只应是保证市场的商品交易正常的运行。货币发行的依据就应该是市场上新增商品的流通对于新增货币的需要。在贵金属货币时代，市场上流通的货币与商品的价值平衡是靠贵金属相对于各种商品的数量平衡来实现的。到了完全的纸币时代，市场上流通的货币数量是如何控制的呢?

现在各国的中央银行可以通过调节政府债券、存款准备金率和规定贴现率，来增减市场上现有货币的流通数量。通过在公开市场卖出政府债券，央行可以收缩社会上的流动性；买入公开市场上的政府债券，央行可以增加社会上的流动性。通过调整存款准备金率，央行可以直接改变商业银行向社会提供贷款的数量。通过调整贴现率，央行可以改变商业银行从央行借贷准备金的成本，从而调整商业银行向社会提供贷款的数量。

贴现是市场上持有商业票据的持票人，将未到期的商业票据背书后转让给受让人。受让人按票面金额扣去自贴现日至汇票到期日的贴现利息后，将剩余票面金额支付给持票人。贴现中的持票人一般是企业或商业银行，受让人一般是商业银行或央行。贴现率一般低于贷款利率，贴现率可按年、月、日计，年贴现率就是年贴现利息除以票面金额所得的百分数。

中央银行和商业银行都具有调控货币流通数量的手段，他们的组合行动无疑加强了他们的调控能力。通常中央银行负责控制市场上流通货币的数量，商业银行只是根据市场对货币需求的情况收揽存款和发放贷款。

现在的商业银行根据本行已获得的存款，在满足中央银行给定的存款准备金率要求的前提下向社会提供贷款。比如，中央银行要求的存款准备金率为 10%，某银行已获得的存款共计

100万元，该银行就可以把90万元借贷出去。贷出的90万元很快将被存进银行，银行依据同样的存款准备金率又可以再次贷出81万元，如此循环下去银行可以贷出总共900万元。现代银行体系在10%存款准备金率要求下，理论上可以把100万元存款放大为900万元贷款。

商业银行的存贷放大能力是巨大的，现在市场上唯一限制银行借贷扩张的因素，就是企业和家庭的借贷需求。只要企业或家庭有贷款需求，银行的贷款和存款就会高速增长。也就是说只要本地社会经济高速发展，无论企业和家庭有多少贷款需求，商业银行在央行的最终支持下，随时可以满足他们的借贷需求。现实中企业或家庭借贷的需要是无穷的。制约因素主要是借贷企业或家庭的信用问题，而不是银行的货币问题。

商业银行必须严格核查贷方的信用，否则银行就会形成大量坏账甚至破产。银行接受抵押或担保，最终也是为了保障企业具有信用。企业信用来自企业的盈利能力。在正常状态下，家庭的信用主要来自家庭收入状况。所以，最终影响银行借贷的因素是企业的盈利能力和家庭收入状况、社会经济发展的状况，这意味着货币增量是经济发展增量的函数。

世界上各个国家现在都依据商业银行自身的资本或（和）存款准备金，限制商业银行的贷款能力。无论银行存贷的放大倍数如何，商业银行都不可能无限放贷。银行存贷的放大倍数就是银行的风险系数，银行的实际风险取决于经济发展环境的变化。对于商业银行放贷的支持和约束，只能由央行完成。央行才是货币的最终发行者。

现在，中国央行（中国人民银行）以买进公众的国债，再贴现商业银行贴现过的商业票据和购买企业外汇的方式发行人民币，其中最主要的是最后一种方式。发达国家央行大体也是采用这几种方式发行货币，但侧重各有不同。美国央行主要是以买进公众手中国债的方式发行美元；英国央行主要是以再贴现的方式买进商业银行贴现过的商业票据发行英镑。中国的特点是外汇顺差很大，外汇占款量大；美国的特点是美元作为最主要国际货币，美元全球流通量远大于其国内流通量；英国现行的货币发行方式是历史形成的比较经典。无论哪一种方式，理论上央行发行的货币最终都应会回到央行。

然而在现实中，随着经济的持续发展，市场的商品交易量越来越大，商品交易需要的货币量增多，商业银行的贷款量也在上升。无论采用哪种方式，央行的货币发行量也必将提升。只有央行持续支持商业银行不断扩大的有信借贷，商业银行才能更好地撑市场经济中商品交易的持续发展。从这个角度上看，货币的确是市场内生的。

超发货币是中央银行为应对危机采取的特殊手段，主要是通过买入公开市场上的政府债券，调低存款准备金率，或调低贴现率来增加社会上的流动性。社会流动性增加后，银行存款必然上升，从而也就必然造成货币的超发。从这个角度看货币是可以市场外生的。不过，有很多经济学家认定货币外生于市场，至今不承认货币内生。有关于货币内生或外生，激辩双方争论不休。复旦大学经济学院李维森（韦森）教授有一篇文章，用和田玉交易的故事生动形象地讲述了货币内生的市场机制。

不仅如此，还有经济专家例如孙国峰、Ryan-Collins、Jakab & Kumhof. 等认为在当代市场经济中是贷款创造了存款（货币），商业银行发挥着货币创造中枢的核心作用，央行只起相对被动的支持和约束作用。据英格兰银行的统计，美国有 95% 的流通货币是商业银行通过贷款创造的。他们的研究成果大大加深了经济学界对于货币创造的理解。

在纸币时代，没有了贵金属货币与等价商品的数量关系，中央银行凭借什么来判断市场上究竟需要多少货币呢？货币数量论有两个源头，英国的剑桥方程式和美国的费雪方程式。分别考察了价值储藏货币和交易媒介货币与货币收入之间的稳定关系。实际上英美学者说的是一回事，费雪的流通速度也反映了庇古的货币余额。

以马歇尔和庇古为代表的剑桥学派认为，货币需求就是人们持有货币的余额。剑桥方程式是由庇古提出的一个货币需求函数，$M=kPy$。式中 M 表示货币，需求量 y 表示实际收入，P 表示价格水平，Py 表示名义收入，k 表示人们持有的现金量占名义收入的比率。因而，货币需求就是名义收入和人们持有的现金量占名义收入比例的函数。

著名经济学家费雪教授在货币数量论中给出的费雪方程式是 $MV=PQ$。式中 M 为货币，V 为货币流通速度，P 为价格水平，Q 为交易的商品总量。用这个方程来计算货币需求量的困难在于如何把握社会上众多商品的价格。

诺贝尔经济学奖得主、美国著名经济学家费里德曼教授，也曾给出过他的货币需求公式，用来计算社会货币需求量。他的货币数量论，把货币数量论表述为一个存量资产选择的货币需求理论。无论什么理论对全球经济，尤其是 2008 年爆发的金融危机更有力地证明了，人类迄今为止尚未找到可以用来准确计算实际货币需求量的有效方法。

现在全球的经济学家都是依据历史数据，利用已经和正在发生的预测将要发生的，但目前尚没有人能说清楚，市场究竟会向哪里发展，市场到底真正需要多少货币，或为什么需要这么多货币。货币需求量将越来越难以计算，因为世界上已经形成了以各种基金形式存在的海量"热钱"，随时可以流向世界的任何一个有利可图的地方。这些"热钱"形同洪水猛兽般流动，将彻底打乱现有市场的流通状况。

第三章 重识货币流动与价格作用

现在的经济学不能完全解释经济运行与发展的现状，主要是因为经济学还没有搞清楚在简单的理想状态下经济运行的一些基本规律。要想真正解释实际经济现象，首先要返璞归真搞清楚这些问题，再来了解现实的复杂，提供解决的办法。

（一）分配是经济的重要问题

经济学界自凯恩斯之后把大部分精力用来研究货币与金融，但实际上，经济发展中发生的失业、创新、贸易等主要问题，早在没有货币的时代就已经存在了，这里用一个简单模型来进行解释。

假设在一个原始的家庭中有 12 人，他们过着最简单原始的生活。其中有 6 人生产粮食，3 人生产棉花，2 人织布，1 人做饭。他们每年都是这样工作，正好能够维持生活，且可以做到丰年与灾年的调剂。在某一年，由于他们掌握了粮食生产中的一些规律，那年种粮的劳动生产率突然提高了，只需要 5 人就可以生产出全家 12 人需要的粮食了。那么剩余的 1 人做什么呢？

一共应该有四种选择：① 生产更多的粮食；② 有一个人不做事；③ 每个人都少做些事；④ 一个人去做生产粮食、生产棉花、织布、做饭之外，其他可以改善全家生活的事。这里的粮食产量增加是由于生产力提升造成的，就不用再考虑储存用于丰年与灾年调剂的粮食了。

这四种选择需要不同的条件，也会产生不同的结果。① 生产更多的粮食，需要能够卖得出去，并可以换回他们所需的其他生活资料，改善他们的生活；② 有一个人不做事，就需要其他的人都同意，否则就会产生家庭纠纷；③ 每个人都少做些事，就意味着打破原有生产结构，大家都获得更多的闲暇时光，因而也放弃了可能得到的、更多一点的物质享受；④ 一个人去做其他的事，就需要这件事是全家所需要的，可以给全家带来更多的利益，比如说他为家庭改善伙食去打猎。

把这个简单模型中的家庭映射到现代任何一个地区社会的经济生活，这个模型显示了，劳动生产率的突然提高会打破原有本地经济平衡，造成四种可能性：第一种是生产更多产品扩大外贸，换取更多国外产品；第二种是仅从劳动的角度看就是失业增加，模型中所讲的"大家都同意"，就是今天的失业救济金的税收来源；第三种是减少全社会每个人的工作时长，比如，每周工作 4 天或者每天工作 6 小时；第四种是要添加更新的产业，生产新产品，而这些新产品可以给全社会的人们带来利益。比如说，移动通信的诞生为人们带来了生活的便利和工作效率的提升。

然而，生产力的提高打破了原有平衡后，带来四种可能的问题，要解决这些问题，在今天都会受到各种相应条件的限制。① 扩大外贸，需要本地的产品具有国际市场的竞争优势。如果能够成功出口，收到的外汇还需要能够进口本地需要的商品；② 失业增加造成失业者生活水平下降，增加税收负担，对政府形成巨大社会压力；③ 减少本地劳动者的工作时长，势必造成本地商品成本上升，失去国际市场的竞争优势，最终造成产业外流；④新兴产业的诞生是产品创新的结果，虽然全球都很重视产品创新，但新兴产业的诞生具有偶发性，随着人类需求被越来越多地满足，创立新的产业也越来越困难。与此相对应的是，生产力不断地提高。这四种限制形成了当今经济领域的四大问题。通过这个模型可以看出在某个局部经济区域，只有当扩大外贸创建新兴产业与生产力发展同步时，并且规模相当，才可以避免本地经济波动。如果不同步或是规模不相匹配。都可能导致经济波动，波动的大小取决于时间、规模匹配的程度。

在上述的简单家庭模型中没有提到货币，甚至没有提到市场交换存在，其实他们的分工本身就是一种固定形式的内部交换。重要的是，人们原本生活在一种均衡的稳定状态，年复一年周而复始，可持续，而这种状态被生产力的进步打破了，由此带来了四种可能的出现，同时又受到各种现实条件的限制导致不同的结果，极有可能会发生经济矛盾或波动。

按照市场经济的设想，生产力的进步自然会带来全社会生活水平的提升。通过对这个简单模型的分析可以发现，生产力的进步并不能直接带来全社会生活水平的提升。相反，今天的许多经济问题也是由生产力的进步带来的。要达到提高全社会生活水平的目的，先要解决好这些问题。这里讲生产力发展带来的经济问题，并非反对科技发展，恰恰正是科技促进生产力发展带动了经济发展。如果人们可以处理好生产力发展带来的问题，经济将可以持续平稳发展，减少经济波动，甚至消除经济危机。千百年的事实证明了利用市场经济自身的力量（经济波动）去解决这些问题代价太大，市场在此时是低效率的。那么如何才能解决这些问题？通过分析可以了解四个问题产生的原因是生产力的进步，这将是解决问题的出发点。这四个问题正是市场经济发展到今天仍然难以解决的最重大的问题，然而它们却是经济社会最基本层面的问题，因为它们甚至发生在货币出现之前。

这个简单模型还给出了一个很重要的结论：经济发展中生产效率提高后带来的利益重新配置问题。经济发展的实质是：由科技和管理提升带来的生产效率的提高，使人们有能力开发、生产出更多的产品或更多种类的产品，提高人们的物质生活水平，或是增加闲暇娱乐。这种提升必须是社会性的整体提升，各阶层之间必然存在差异，若是人们可以接受的差异，有利于社会竞争与发展；但若是差异过大，反而会阻碍经济的进一步发展。

不仅如此，经济发展本身还存在内部协调问题，各种产业链上的信息传导问题，产业链各环节的投资的盲目性问题。今天的经济在货币的作用下已经发展为一个更为复杂的混合体，"热钱"的炒作，国际经济、政治和军事斗争的干扰，已经使人们很难看清每个因素的作用和影响。

这里反映出了经济发展的总趋势，经济发展是由于技术提高带来了生产力的提升，经济的波动是因为某项生产力提高后，整体经济需要调整。在这个调整中存在着许多的问题和矛盾，这其中有些是市场机制可以解决的，有些是难以解决甚至无法解决的。至今，针对这些问题经济学没有清楚的认知。

在市场和货币存在的条件下，如果生产效率提升，会引发成本下降以及利润、储蓄、投资、就业、供给的相继增加。供给增加需要价格下降来带动市场扩大，价格的不断下降带来利润不断下降最终会造成投资、就业的增长停止，商品过剩积压，经济陷入衰退。价格下降缓解了以上问题，但无法彻底解决。有了市场和货币的作用，经济就变得更加复杂了，看清问题就更加困难了。

凯恩斯之后的多数经济学者试图通过单纯研究货币与金融来解决货币诞生之前就已存在的问题，很难从当今经济运行的迷雾中找到根本解决问题的办法。他们忽略了经济问题是从市场的供需矛盾与分配结构中产生的。每当出现危机时，各国政府过分依赖财政手段进行宏观经济调控，没有重视到由政治、军事、产业、资源等因素所导致的，生产、市场和消费（包括了就业、效率、和分配）的结构变化。现实市场上货币的存在，使得经济问题更加复杂了。

2008 年爆发的全球金融危机源于美国的次贷危机。这次危机直接导致美国的金融和房地产两大支柱产业陷入瘫痪，如果没有新的产业崛起，以及产业效率的大幅提升，将无法填补由这两个巨大产业的大幅下降所带来的经济下降和连带产生的后果。到 2017 年，美国政府采取的措施主要是印钱，即所谓的"量化宽松"（QE: Quantitative Easing）。美国印钱可以缓解危机，可以吹大金融市场的泡沫，但对于实体产业的推动作用十分有限。印钱另外还有两个作用，一个是累积更多的政府和银行债务，另一个是利用美元作为最主要国际储备货币的地位，让全世界分摊美国的债务。即使这样也只能临时缓解经济萎缩，无法解决实质问题，欠债总是要还的。

这个小模型可以清楚地反映出生产力发展是社会经济进步的根本动力，同时也导致了四种问题的发生，这是因为这个模型屏蔽了市场与货币的作用。按照经济发展的不同阶段来考察经济，如果经济学更加重视分配问题，或许可以更容易看出经济运行的结构。

（二）消费与储蓄的不同

在货币供应量正常的情况下，假设不存在产品结构的问题，储蓄是消费的剩余（节余），消费者的储蓄代表了企业的库存，只有当储蓄变成了消费或者投资出去（由金主本人或金融机构），企业的库存才能出清。否则，库存将变成过剩积压，导致经济衰退乃至萧条。

1. 成本与利润

人们一般认为储蓄由银行转换成贷款可以形成流动，所以认为消费和储蓄最终都会形成实物产品或服务的实际消费，实际上并不尽然。下面用一个简单的模型来说明，这里所用的所有假设，仅仅为了简单化和更容易理解，不具有特别的意义。

假定在一个封闭的社会中，只有同样规模的三家公司，三家公司的产品可以相互用作其他公司的材料、设施以及生活用的最终消费品。全社会不存在产品结构问题。三家公司的资产、折旧、用料、工资、产值、利润的数量完全一样。每家公司拥有固定资产 100 万元，年折旧 10%；每年需要流动资金 110 万元，由银行提供无息贷款，其中 60 万元用于购料，40 万元发工资，10 万元折旧；每年周转 1 次，每年结算一次；工资用于消费，利润用于投资（见下表）。

单位：万元

年份	资产	借款	折旧	购料	工资	销售	利润	还款
第 1 年初	100	110	0	0	0	0	0	0
第 1 年末	100	0	10	60	40	110	0	110
第 2 年初	100	110	0	0	0	0	0	0

　　三家公司年复一年满负荷运转，全社会每年的总产值为330 万元，各家的收入与成本都是 110 万元，没有利润，折旧形成各公司的可持续运行。这个封闭社会的总购买力为 330 万元，每年的成本、产出与消费完全相同。公司每年向银行贷款，把贷款发给职工购买生活消费品，公司用其余贷款购买原材料，补充设施消耗进行生产。生产的产品卖出后，换回货币还给银行。这个封闭社会为了完成每年的市场运行，市场上价值 330 万元的产品需要 330 万元货币支撑。三家公司每年初从银行共贷款 330 万元，年底还清，周而复始。在这个过程完成后，除银行之外公司里和社会上都不再有货币存在。在这种简单再生产的情况下，市场经济的运行很顺畅，没有任何矛盾。

　　在这个封闭的社会里，如果某年有些人存了一些钱，那么就必定会有一些已经制造出来的商品没有销售出去，从而形成了产品库存，有库存产品的公司也无法还清银行的贷款。商品在卖给消费者之后被消费了，消费实现了商品的价值。但是储蓄就不同了，有储蓄就必然会形成产品库存。在现实的多数实际生产过程中，公司生产的产品卖出后换回货币，其销售收入多于成本形成利润，公司会把利润用来扩大投资，增加生产，提高产出。

在上面的封闭社会中，如果各公司间不存在产品结构问题，假设有一年，有一家公司的效率突然提高了，产值变为120万元，利润变为10万元，其余两家公司年的产值仍然各是110万元，没有利润。因为形成利润这家公司的成本没变，这时三家公司的总成本支出或社会的总购买力仍为330万元，其他情况也都没变。在本年度内，如果这家盈利公司的120万元产品全都卖出去了，并且当年形成了10万元的货币利润，由于三家公司的总成本支出没有改变，社会的总购买力也没改变，那么当年必然是其他公司有10万元的产品没有卖出去，形成了库存，并且没能还清银行的10万元贷款。这里要强调的是公司形成的利润，货币利润只有完全投出形成购买后，社会产品才能全部出清。在当年10万元的货币利润只有收入没有支出，在社会上货币数量正常的情况下，社会上其他公司必然形成了10万元的产品库存。只有当全社会第1年创造的利润，在第2年全部花出去之后，全社会第1年生产的产品才能全部被出清，并完全实现它们的价值。在下一年，只有这家盈利公司把10万元的货币利润花出去，买回所需物资时，其他公司上一年库存的10万元的产品才能够卖出去，这时其他公司上一年的银行贷款才能还清。只要有利润，如果利润没有被其拥有者用于扩大消费，经济只有在扩大再生产的情况下才可持续。如此这样，货币在市场中滚动运行再无休止，这种情况才更加接近实际的情况。

如果这家上一年盈利的公司，新增加了 10 万元资本支出，用于购买新的固定资产，就必将扩大生产规模，在这 10 万元新增资产投产时，由于企业还需要按照原有比例增加 10% 的贷款 11 万元，用于增加原材料采购、人员工资和折旧，与新增资产形成匹配。如果上一年利润来自企业效率的全面提升，新增贷款用于新增原材料采购、人员工资和折旧的比例将和以前一样；如果上一年利润是来自人员效率的提升，用于新增原材料采购的贷款比例将会提升，用于人员工资的贷款比例将会下降；如果上一年利润是来自固定资产使用效率的提升，企业将需要的贷款会增加更多。

上一年盈利的公司在工资水平不变的前提下，该公司必然多买原材料，新增员工，增加折旧。从此社会的购买力也必将增加，这三家公司的运营架构也不相同了，其他两家公司因市场突然扩大，也欲增加产量，它们应会在更大规模上进行运营。

由于这两家公司原本已处在满负荷运转状态，在生产效率不变的前提下，他们没有利润便无法增加设备，如果也没有其他投资或贷款可用于增加设备，生产也无法扩大，并且如果这两家企业没法提高效率，他们两家将在竞争中逐渐被淘汰。在这样的情况下，为了突破这一僵局，就只有靠提高生产效率，这两家公司才能扩大产量获得利润，在此基础上才能形成扩大再生产。三家企业如能实现同步扩大再生产，这个封闭小社会的整体生活水平将会上升一个台阶。

2. 储蓄增加时投资就必须增长

在有利润的情况下，企业的销售金额必定大于成本支出，如果全社会所有企业都有盈利，他们的利润聚集起来，就会使得当前社会商品供应总值大于当前社会总收入。企业的成本形成实时的社会购买力，实现商品的购买与销售，利润再投资滞后于当前的商品供销过程。

让我们考虑一个封闭社会，假设其没有政府、银行及对外贸易，这个社会只有甲、乙、丙三家企业，甲是一家房产公司，乙是一家制衣厂，丙是一家农场，他们在某年的年度经营状况如下表：

（单位：万元）

	甲（房产公司）	乙（制衣厂）	丙（农场）	共计
销售	0	9	3	12
支出或成本	3	5	4	12
利润	−3	4	−1	0

乙、丙两家企业这年总共生产并销售了 12 万元的商品，这两家企业只支出成本 9 万元。如果没有甲企业这年投资 3 万元，乙、丙两家企业生产的 12 万元的商品，最多只能卖出 9 万元的商品，因为社会工资总收入就只有这两家企业支出的成本 9 万元，再也没有任何资金来源可以用来支付并购买乙、丙两家企业这年生产的另外 3 万元的商品了。按照表中的情况，乙企业这年实现利润 4 万元，但这 4 万元最快也要明年才会用于投资。乙企业在本年度内获得的 4 万元利润，是依靠其他两家企业的

3万元投资和1万元亏损所形成的支出来实现其这部分产品的销售和社会购买的。

在一个封闭社会中，如果不考虑政府、储蓄和外贸的作用，盈利企业的利润只能依托社会投资和其他企业的亏损来实现销售。只要全社会的利润总和超过投资和亏损的总和，需求量的增长必定滞后于供给量的增长，造成市场供大于求。有利润剩余的社会供给不能及时造成具有购买力的需求，累积起来将会形成经济衰退。

上面的例子假设工资全部用于消费，利润用于投资。这个假设虽然不严密，但易于理解。只要认为利润是扣除了"老板工资"（所有老板收入中用于消费的部分）后公司的销购之差，或者认为投资的主体来源于利润（在不十分富裕的社会中实际情况就是这样），在这样的情况下，上面的假设偏差不大。

因此在有利润的情况下，社会每一年的生产与消费只有在下一年扩大的再生产和再消费过程中，才能得以全部完成。在一切为了利润的市场经济中，资本必须带来利润，利润必然带来再投资，有利润的市场经济只能在扩大再生产中持续增长，不能停止增长。

严格说来，人们手中握有的消费剩余的金钱，无论来自工资还是利润，无论是现钞还是存款，也无论经由本人还是银行，只有在全部投资出去形成购买之后，社会的所有商品才完成了从购买与加工到卖出与消费的全过程。这个情况更加符合现代富裕社会的实际状况。从理论上讲，市场中企业商品的剩余与消费者货币的剩余是一件事情的两个方面。商品的剩余叫货物库存，货币的剩余叫货币储蓄。

企业的所有商品都应该经过从购买与加工再到卖出与消费的全过程。在人们手中握有的消费剩余的金钱全部花出之前，社会存有没有完成卖出与消费的商品，这些商品仅完成了购买与加工，还有后半部分卖出与消费没有完成。从理论上讲，人们手中的金钱必须全部花出去，无论是消费还是投资，社会全部商品才能得以出清，否则就会形成积压。在储蓄增加的前提下，社会的投资、产出与消费只有在不断增长中，才能得以顺利进行，投资增长停止必然出现商品过剩积压。

企业生产的商品卖出后换回货币，购买原材料继续生产，把货币发给职工购买生活消费品，以及企业扩大投资扩建生产设施。社会中的每个人把自己的劳动卖给企业换回货币，再用货币买来消费品继续生活。社会上所有的企业和消费者都在不断地完成着商品—货币—商品的交换过程。只有当全社会所创造的全部商品都完成了商品—货币—商品的过程，才达到了社会所创造的全部商品的所有价值的完全实现。

从一个企业的角度来看商品，任何一件商品都将经历购买与加工、卖出与消费的过程，如果哪一件商品只经历了购买与加工没有经历卖出与消费，就意味着这件商品没能实现它的价值，变成了仓库存货。从一个消费者的角度来看，任何人都要花费劳动换回货币，再用货币购买消费品，如果他挣到的钱只花出去了一部分，另一部分存起来了，存起来的钱必然对应了企业的库存商品。只有当存款变成了投资或消费后，库存品才被卖出与消费。

在社会的生产与生活中，只有实物商品（或服务）才能对人发挥实质性的作用，货币只是为了方便交换而使用的中间符号。消费者工作后挣到的钱，一部分购买了消费品，另一部分存起来了。消费品被消费者购买后就已经实现了消费品的商品价值。但是，新增的储蓄则不同，新增储蓄使得其所对应的商品，仅完成了商品—货币—商品过程的前半部分——从商品到货币；其后半部分——从货币到商品，尚未完全实现。只有当储户本人（或银行）将新增储蓄变成投资或购买消费后，商品—货币—商品的全过程才算完成。这正是消费和储蓄增加对于经济作用的不同之处，也正是追逐利润的市场经济不能停止增长（投资）的原因。有利润的市场经济只有维持足够的投资增长，才能实现足够的市场需求（有购买力的需要）。

（三）市场经济中的粘性

在整个经济循环之中，存在着需求量、供应量、物价和工资等各种变量。在一定的条件下，市场中的有些变量发生改变，会使其他变量也会随之改变，有些却不易发生改变。这就是说有些是经济变化的主变量，有些是因变量或函数，这些主变量存在的原因是它们背后存在的各类粘性。它们是经济循环中各环节的主要矛盾，或是矛盾的主要方面，决定了各阶段经济变化的方向。

1. 涨价粘性

市场上的每个卖方，都可以自主决定自家商品的价格，但是每个卖方必须充分尊重市场买方的投票权。企业实际上必须按照市场价格提供自己的商品，并希望尽量多地售出自己的商品，占有更大的市场，赚取更多利润。企业的利润取决于商品的价格、成本和销量。在充分竞争环境中，商品的价格实质上是由市场的供需关系决定的，而商品的成本和销量，是由每家企业各自形成的。

商品涨价看似可以给企业带来更多利润，其实并不尽然。由于市场竞争的存在，如果某企业自行提高其商品价格，必将导致自己商品的销量下降，随之而来的可能就是利润的下降，当产量低于经济规模时，该企业的单位成本上升，利润率也将随之下降。市场需求增加时，企业为了赚取更多利润，一般都会扩大产销量，占领更多的市场份额，而不是提升价格。

市场任何商品的每轮价格上涨，总是由一个领头涨价的企业带头引发的市场整体跟进的行为，最先带来的是市场销量的立即萎缩，他首先要承受涨价带来的市场销售量（市场占有率）的下滑，乃至利润总额的损失，若销量下降突破规模经济，可能还要承受单位成本的上升和利润率的降低，甚至是亏损。

涨价的市场风险巨大。一般来说，敢于领先涨价的企业，都是同类商品竞争者中的成本最低者，否则，它的带头涨价行为只能是自取灭亡。

任何企业，即使是本行业的成本最低者也不敢轻易涨价。当成本最低者敢于涨价时，同类商品的竞争者必然都处于亏损状态。这时，他的涨价行为才能引发全行业的联动涨价。他的涨价才不致于导致仅有自己的销量大幅下滑市场尽失。若是在他涨价时，其他竞争者仍有利润空间，他的涨价只会使竞争对手乘机扩大销量。若无法带动全行业的联动涨价，就会把自己原有的市场份额大量地拱手让给竞争对手，造成自己销量的大幅下降和利润损失。

由于涨价带来的市场需求下降，对商品自身市场直接形成不利影响，若非成本最低者自身的经营也已开始亏损，他自己也犯不上冒涨价带来的巨大市场风险。领涨者既然是本行业成本最低者，在他发动涨价之前，相关竞争者的成本必然已经高于盈亏线，对他和其他所有竞争者来说，此时涨价都是当时迫不得已的行为，所以从市场的角度来看，市场存在商品涨价粘性。

市场上的产品降价也存在领头降价者，领头降价的企业也必然是本行业的成本最低者。企业降价必然给自己带来市场销量的扩大，同时也必须能够承受降价带来的利润率下降。领头降价者很明白，自己的降价行为很可能带来全行业的降价。领头降价者必须保证，他的降价虽然会使利润率下降，但因降价造成的销量的扩大，能够带来薄利多销，使自己利润总额上升或持平，至少不致亏损。如果降价时，他不是全行业的成本最低者，领头降价带来的全行业竞相降价，很可能将自己逼向亏损甚至破产。

降价经常发生在商品的市场扩张之时，企业的降价行为只有一个目的就是扩大销量，争取更大的市场份额，把自己企业的规模持续扩大。赶超型企业具有很强烈壮大自身的动机，对这样的成长中的企业来说，降价是他们主动扩大市场和企业规模的有利手段。所以，在商品的市场扩张之时，在市场上不具有商品降价粘性。

在商品的市场收缩之时，如果起初企业产品销量大于规模经济，企业会先行减少产销量，降低成本，维持利润。如果产品销量已处于规模经济之中，市场继续收缩，企业必然先行降价，降价只有一个目的就是保住规模经济，否则，企业突破规模经济将使成本更高，亏损更加严重。在市场收缩之时，只要企业还有利润，企业降价有利于自己产品的市场扩展或保持，企业的减产与降价会交替进行，直到没有利润，甚至流水也为负时才会停止，市场上商品降价粘性并不突触。

降价与涨价不同，涨价时需求减少市场收缩，对销量形成阻碍，商品涨价对企业销售不利；降价时需求增加市场扩展，对销量形成支撑，商品降价对企业销售有利。在两种情况下，企业的态度不同，行为也不同。

上述情况更多发生在工业和服务业之中，在现代社会中工业和服务业产值占 GDP 的比重往往超过 90%，涨价粘性需要受到充分重视。对于农产品来说，由于农产品的需求弹性小、利润率低、灾害多发、产量不稳等特点，农产品的价格变化往往很快且幅度较大，价格粘性不明显，应该单独考虑。

2. 熟练劳动者的粘性

现代市场上，各种劳动是按职业划分的，只有合格的劳动者才能形成真正有效的生产力，熟练劳动者的效率远高于一般劳动者，这里的劳动者包括了体力劳动者和脑力劳动者，越复杂的劳动越重要，尤其是脑力劳动者。

不熟练劳力需要经过培训才能胜任工作，许多工作所需的培训过程很长。不仅如此，有些工作即使经过培训，仍然需要经过更长时间（几个月以上）的工作磨炼，经历很多大大小小的失误，使企业蒙受很多显性或隐性的损失。逐渐提高其工作效率后，才能成为真正的熟练劳动者，这对于脑力劳动者更加突出。

企业花费很长时间培训出来的熟练劳动者又很容易被竞争对手挖走。因此企业一般不愿意自己培养不熟练的劳动者。各企业都希望使用熟练劳动者，因为与不熟练劳动者相比，他们可以为企业更快速地带来更大的利益。

熟练劳动者主要在本产业的工作中逐渐培养产生，不会突然大量涌现。在一些很大的成熟行业中，如机械加工、汽车驾驶或软件编程等行业，也有一些职业学校为其培养后备劳动者，但与真正意义上的熟练劳动者相比还具有一段距离。再者职业学校的培养数量也是依据市场需求来调整的。学校培养学生也需要花费时间，而且学校对于市场的跟踪速度，迟滞于企业经营的变化。当商品的供应量急剧扩大时，投资和生产剧增，熟练劳动者往往供不应求。这一现象从农业生产，到工业生产再到软件编程普遍存在，越复杂的劳动，这一现象越突出。市场经济中，熟练劳动者的增加具有粘性。

3.降薪粘性

在劳动市场上劳动工资的升与降，是由买方决定的，卖方对于这个"价格"只有"投票权"。不过，买方在做出工资决定时，必须充分敬畏卖方的"投票权"，工资定低了，高素质的合格雇员就难找了。企业老板都明白，低薪勉强招来的员工，人员素质必定偏低，工作积极性也注定不高，这些都会严重影响企业效率。

任何企业的竞争说到底是人的竞争，企业有一条很重要的竞争潜规，就是支付相对此专业最高水平的工资，聘请最适合本企业的员工，才能产生本行业最高的竞争效率。成功的老板都是精于此道的人，失败的老板归根结底也是输在没能明白或没能做好这一点上了。

即使是在企业最困难的时期，企业一般也不愿意降低员工的工资，这是因为降薪将会涣散人心，使整体劳动生产率下降，并导致最熟练的劳动者流向竞争对手。再者，企业降薪往往还会受到有关劳动合同的法律限制，或在职职工的联合抗议。在遇到市场不景气必须减产时，企业一般采用裁员的办法，而不是降低员工薪水，这已经形成了企业的一贯做法。这样做可以把相对不熟练的职工裁掉，企业仅留下最熟练劳动者，可以大大提高劳动生产率和企业的竞争力，企业欲求借此摆脱危机。裁员本身虽然也会降低士气，但更多的是增加了失业压力，迫使留下来的员工更加努力。

4. 投资惯性

投资的惯性来自投资市场信息的不透明性，这种不透明有两个原因，一是投资者对自己投资信息的保密，二是产业链长。

在投资发生之前，企业只能依据市场状态进行可行性分析。因为投资者都对自己投资的信息保密，还因为从投资发生到产品进入市场之间存在产能建设周期，到产品进入市场的时候，分别进行保密投资的各个企业才能发现，原本他们各自预测的市场蛋糕，被多家企业几乎同时进行的投资所分割，此时产能已远远超出市场所需。产能建设周期越长、建设投资越高，这一结果越严重。

在终端消费产品产业链的各个环节上，都存在上述的相似情况。产业链一长，在产品的各个环节上逐级信息递减，逐级反应判别，逐级产生迟滞。在产业链的各个中间环节上，各个企业的产品往往针对许多种类的终端产品，并非只针对某种单一的终端产品，这就使得信息在传导过程中更加具有隐蔽性，更容易导致信息传递的迟滞，更不容易判断。越处在产业链前端的企业，得到的信息迟滞越严重。信息从终端到产业链的前端需要花费很长时间。当处在产业链前端的企业发现市场饱和，终端市场早已严重过剩。

正是因为存在着这些不透明的市场因素，当市场上升商品行情好时，投资往往一波接着一波，前面的投资都能获得较高的收益；中期虽然收益有所降低，但相对于其他行业仍然收益不错；待到后来的投资经过建设周期形成产业时，产能已经是严重过剩。

在市场发生变化时，市场上存在相互影响、相互制约或相互支持的各个因素。哪些因素会发生改变？哪些因素难以发生改变？变与不变又是由什么决定的？正是因为这些粘性因素，规定了无粘性因素的变化，规定了市场发展变化的方向。

（四）供给、需求与价格

市场上商品的价格取决于供求关系，供大于求价格下降，供小于求价格上升。商品的价格是市场供求关系的反映，决定价格的是供求双方的相对状态，这是市场价格的根本规律。虽说整体上看是如此，但在市场的每一个具体实践操作中，企业商品价格的升降，是个别老板做出的决定，而市场供给量的增加和减少，不是单个老板可以决定的，而是社会投资和同行们各自行为汇总的结果。

企业商品价格的升与降，是由卖方自主决定的，买方对于价格只有"投票权"。不过，卖方在做出价格决定时，必须充分敬畏买方的"投票权"，价格定高了买账者就少了。在商品市场上，商品价格的决定权与在劳动市场上的情况正好相反。还应该看到的是，商品价格与劳务价格都是由产销等市场活动的参于者决定的。

在商品市场上，买方希望价格越低越好，卖方希望价格越高越好。为了达成交易，买卖双方必须相互接近或靠拢，使成交价格受到双方承受能力的限制。买方受限于手中握有的可以用于购买所需商品的货币，卖方受限于他得到该商品时已经支出的成本。买方只有在手中握有更多的货币时，他才可以为购买商品承受更高的价格。卖方只有在他的商品具备更低的成本时，他才可能拥有更多的降价空间。

1. 价格与需求量

市场需求的数量取决于人对于商品的需要和购买力两个因素，只有在具有购买能力的条件下，人的需要才能变成市场需求；只有在有需要的条件下，购买力才能形成购买，在一个人无购买需要时，即使他有购买力，他的购买力也不会变成市场需求。

消费需要是一个笼统的说法，需要可以分为有购买能力的需要，和没有购买能力的需要。没有需求也可以分为需要被满足之后的状态，和因没有购买力而无法满足需要的状态。人的需要只有在具有购买能力后，才能形成市场需求。

对于每一个人来说，需要是一种现实存在，某种商品只要被某个人见到或了解到，他就会知道它的意义，这种意义就是它的价值，也就是他对它的需要。但如果他此时舍不得花那么多钱，买不起在此价格下的这个商品；或说他没有相应的购买能力；再或者相比于他要买的其他商品，他不愿意为此商品承担这么多的支付，那么此时，他的对该产品的需要并不构成有效的市场需求，充其量只能是一种欲望。只有当该商品的价格降低到他愿意为它承受支付时，他的需要才会变成市场需求，变成有效的购买。人的市场需求是以每个人自己的支付能力作为后盾的需要。

每一种商品的市场是以对它的有购买力的需求构成的，相对于它的价格，有购买能力的人群才能构成它的潜在消费群体。由于人们收入的变化不会太快，某种商品的潜在消费群体是相对固定的，利用广告和宣传活动，可以在潜在消费群体内部扩大消费人数或扩大消费量。然而，只有当该商品的价格下降时，它的潜在消费群体才会扩大。使潜在消费群体变为消费群体，是企业在增加供给量时，用广告宣传来激发完成的转化。广告只能在潜在消费群体内，起到增进了解产品或增加了解人数的作用。

经济学的需求曲线确实反映了市场的客观事实，市场需求量是价格的函数。这是因为在社会上的消费群体之外，相对钱多些的人在价格下降时，加入了购买者的行列；在价格上升时，消费群体内相对钱少些的人群，退出了购买者的行列，在价格下降前和价格上涨后，这些人不舍得购买，或舍不得多买。

市场需求由人的需要和购买能力两者结合而成，在这里请注意，人的需要与市场需求的不同。世界经济发展到今天，从宏观上看，市场需求仅受限于购买能力。人的需要相对于其需求而言，可以认为总是接近无限的，所以价格下降必定会带来市场需求量的增加，价格上升必定会带来需求量的减少，这是市场的一条铁律。

2. 供给量与价格

市场供给量取决于商品的利润，商品有利润供给量就会增加，商品没有利润供给量就会减少。商品的利润取决于价格、成本和销量三个因素，价格高于成本才能产生利润，在有利润的前提下，销量越大利润越多。

现代产业的成本是由其规模经济决定的，除了邮电等个别产业是规模越大越经济，大多数产业一般都是产量在规模经济的范围内成本最低，产量超过或小于规模经济成本上升。现代产业的产能扩张，也都是以规模经济为单位增加的，现代产能一般是其规模经济的整数倍数。

价格变化时，供给量不一定会随之改变。因为无论在宏观还是微观环境下，供给量的变化不是由价格变化决定的，而是由利润变化决定的。利润不仅取决于价格，还取决于成本和销量，价格上升不见得会导致供给量的增加，价格下降不见得会导致供给量的减少。

市场上任何价格都是针对某种具体产品的价格，对于任何区域的市场来说，市场上所有种类的商品都有产品生命周期，都有其上升期、稳定期和下降期。这仅仅反映了市场对于一种商品的需求，而不是全社会所有人的需要。在上升期间，社会有需要，企业有利润，供给量上升的速度取决于价格下降带来市场需求量增长，市场销量上升；在稳定期间，社会虽有需要，企业利润已经无降价空间，市场供大于求但无法继续降价，市场有购买力的需求量已经饱和，价格、需求与销量维持稳定；在下降期间，社会虽仍有需要，但价格没有下降空间，市场需求受限无法扩大，市场持续供大于求造成商品过剩积压，企业长期没有利润，供给量逐步萎缩。供给量萎缩到低于规模经济，企业在单位成本上升的重压之下，迫不得已只能涨价，市场有购买力的需求量开始下降，市场销量减少，进而市场价格、需求与销量进入恶性循环。

市场价格上升的原因，通常也是阻碍供给量增加的原因，因为价格上升一定会使需求量减少，从而导致市场萎缩；并且价格上升具有粘性，价格上升的原因，往往是商品已无利润甚至严重亏损，此时不会有供给量增加。市场价格下降的原因经常就是鼓励供给量增加的原因，因为价格下降必定会使需求量增加，从而导致市场扩大；价格下降的原因往往是因为商品具有利润，为了抢占市场提高利润，企业主动降价扩大供给量，降价则是扩大市场和提高供给量的前提。

3. 三者的关系

在市场上商品价格是由供需决定的，市场经济是价格、需求与供给的循环体。在价格变化时需求量不会不变，价格变化的同时会引起供给量与需求量的变化，供给量与需求量的相对变化是与传统经济学的描述相对立的。

当价格下降时，需求量必然增加，如果此时供给量不增加，就会供小于求，价格会上升，但这与价格下降的前提相违背，所以，价格下降的直接结果必然是需求量增加导致的供给量增加并带来了市场扩大。当价格上升时，需求量必然减少，如果此时供给量不减少，就会供大于求，价格会下降，但这与价格上升的前提相违背，所以，价格上升的直接结果必然是需求量减少导致的供给量减少，抑制市场需求量。

若价格上升，需求量减少，造成商品售出速度减慢，阻碍供给量增加；若价格下降，需求量增加，造成商品售出速度加快，使得供给量可以并应该增加。在需求量不变的情况下，供给量增加就会导致价格下降，供给量减少就会导致价格上升。这表示供给量与价格的关系，在变量关系和数值变化两个方面，都与供给函数及其曲线所描述的正好相反。供给曲线若不存在，再谈曲线移动也就没有意义了。

市场上一种商品的价格下降时，市场对它的需求量会增加，价格上升时需求量会减少；反之却不尽然，商品价格的升降并不完全取决于市场需求量的增减。需求量增加时，价格是否会上升，还要看当时供方产能的储蓄状态；需求量减少时，价格是否会下降，还要看当时产能的饱和状态和产品有无利润空间。

市场上一种商品的供给量增加时，它的市场价格会下降，供给量减少时价格会上升；反之却不尽然，市场供给量的增减并不完全取决于商品价格的升降。价格变化时，市场供给量的增减取决于商品利润的有无。在有利润的情况下，价格不会上涨，相反，降价会带来需求增加、市场扩大，使供给量增加；在无利润的情况下，价格不会下降，相反，涨价会使需求减少、市场萎缩，而不会带来供给量增加。

综上所述，需求是价格的函数，需求理论可以成立，然而，供给理论根本不存在这样的确定关系，而是存在着相反的确定关系，供给理论只能重写为：价格是供给的函数，供给量增加时价格下降，供给量减少时价格上升。真实经济周期学派关于价格水平是逆周期性的实证结果，可以在宏观上支持这里的观点论述。

（五）商品的市场扩散过程

仔细考察社会经济的发展过程，很容易发现：从商品走向市场的角度来看，社会经济的发展过程实际上就是各种新商品的市场扩散过程；从货币流动的角度来看，社会经济的发展过程实际上就是货币的社会聚集过程。这两个过程同时发生，但方向相反。

新型消费品的出现，对于提升人们的生活水平起到了决定性作用。玻璃的出现让人们的房间既明亮又不透风雨，洗衣机的出现使人们摆脱了手工洗衣服的劳累，电冰箱的出现改变了人们的生活方式，等等。如果没有这些新产品的出现，人们的生活水平很难提升。在所有的商品中，中间产品只为制造最终消费产品服务，只有创新型最终消费产品的市场发展才能真正带动新的消费发展、产业发展和经济的发展。老产品都是由新产品演变而来的，新产品的发展最能够反映社会经济的发展。这里讲的新产品也包括了老产品的更新换代，例如苹果公司最早推出的第一代移动手机，与当时市场上已有的手机相比，它的功能、形态和用途都发生了革命性的变化。只要研究新生的最终产品的运行过程，就可以看清所有产品的市场发展过程。本节就专门研究新生的最终产品。

一款新产品得以诞生与发展，是因为市场对该产品有需求。从事新产品研发、制造和销售的所有人员，对市场上的所有其他产品也都有需求，所以，任何新型行业的发生发展都会拉动全社会所有行业相应的发展。一种新产品诞生之后，先是被很少数人接受，然后被越来越多的人接受，随着它在社会中扩散得越来越广，它给社会带来的利益也就越来越多。每种新产品的诞生与发展都是拉动经济增长的关键所在。价值越高的新产品，这一作用的效果就越发显著。同时还带动了社会经济的发展和人们生活水平的提高。产品是市场经济的细胞，因此每种新产品的市场扩散过程，可以很好地反映出社会经济的运行过程。因此，分析新产品的市场扩散过程，对于研究市场经济非常重要。

假设在一个封闭的经济体内，经济运行达到一种平衡，这时 80% 左右的人每个月正好花完自己的工资，20% 左右的人每个月都可以增加一些储蓄，经济慢速平稳增长。在这种情况下，突然有一种相对贵重的全新产品诞生了，并且这种新产品能够给它的用户带来有价值的效用。谁会是它的第一批买主呢？买主大多应该是那些每个月都可以增加一些储蓄的 20% 的人。它

的售价越高，购买它的人就越是富有，也许只有最富有的 10%
甚至 5% 的人才会是它的买主。

任意一种新的产品在刚刚被推向市场时（例如：当初彩电
刚进入中国），往往由于初期市场传播慢、产量小、生产成本高
和研发费用摊销大等原因价格比较高。较高的价格把产品的市
场限定在相对富有的人群范围之内。随后由于产量的提升和生
产效率的提高，导致成本和价格的下降，市场范围不断扩大到
一般人群。新产品市场的大范围扩散过程只能是它的降价过程。

新产品的市场在社会人群中就像同心圆，中心是最富的人，
人数最少；越往外环财富越少，人数越多；最外环是最穷的人，
人数最多。新产品在中心圆内时，其价格最高、购买者最少，
越往外价格越低、购买者越多。随着价格的每次下降，产品的
市场一环环地向外边缘，逐渐地扩展开来。

不论价格高低的新产品，都同样存在着类似同心圆式的市
场扩散过程，只是低价产品市场的中心圆，比高价产品市场的
中心圆大得多。价格越高的新产品，中心圆越小，降价带来的
市场扩张梯度越大，效果越明显，对于经济拉动的作用也越
大，价格低廉的新产品面市对经济的拉动作用就小多了。所以，
为了清晰起见，考察新产品对于经济的作用，应重点考虑贵重
产品。

以上的假设条件都只是让读者在较明显的情况下更容易看
得清楚，并不具备任何其他特殊意义。经济慢速平稳增长，说
明个人收入变化不大，这具有普遍意义。

即使是绝大多数人都有储蓄，也必然存在着很多储蓄较少

的人，和不愿意为比较贵重的新商品掏腰包的情况。请注意，这里讲的穷富是相对概念，是相对于某种商品而言的穷富，而不是通常人们理解的绝对的贫穷或绝对的富有，这些商品可以是任何最终消费品，如水杯、食品、住房或游艇，也可以是各种服务，如演出、网购或旅游。与贫富相似，这里所谓的市场大小或价格涨跌，在现实中也是相对于某种商品而言。

举例来说，移动通信在中国的发展过程就是最好的例证。早在1987年移动通信刚刚在中国出现，那时一部移动手机含电话号码卖两万多元人民币，用户只有约100人。到2011年中国最便宜的移动手机仅卖300元人民币，用户数已经超过9亿。中国的移动通信在20多年的发展中，经历了一个价格逐渐降低的过程，同时也是用户逐渐扩大的过程。从1987年开通移动电话业务到1997年用户达到1000万户，用了整整10年的时间。而从1000万户增长到2001年的1亿户，只用了不到4年的时间。2002年11月，中国的移动电话用户总数达2亿；2004年5月，达3亿；2006年2月，达4亿；2007年6月，达5亿；2008年6月，达6亿；2009年7月，达7亿；2010年6月，达8亿；2011年4月，达9亿。

中国移动通信的发展，为中国人民带来了生活的便利和工作效率的提升，同时也对中国经济的发展和全球相关产业的发展，产生了很大的拉动作用。任何产品都有一个从新产品到老产品的市场逐渐扩散的过程，产品的市场在社会人群中扩散的过程，就像同心圆，逐渐从中心圆向外环扩展开来。

在全球近几百年的经济发展中，各种产品供给量的增加往往发生在生产效率提升，导致产品生产成本下降，引起产品价格下降。各种产品的价格下降，使其市场范围扩大，引发了投资的大幅扩张，由此导致了供给量的大幅上升。1910年美国福特公司推行汽车大众化的举动就是个典型的例子，当年福特公司的大众化举措，使得原本只有少数富人才能拥有的昂贵小汽车，以低廉的价格进入寻常百姓家，美国也从此成了"车轮上的国度"。正是因为无数类似福特"大众化"的降价行为，推动了社会经济的发展。

在世界各地，手表、收音机、小汽车、电话、洗衣机、电冰箱、电视机、计算机等产品都经历了从新产品开始的、降价带动的、市场发展过程。各类产品不断推出的不同型号、不同代别、不同款式的新产品，也都必然经历降价带来的市场扩大的过程。今天市场上正在销售的产品几乎都是新产品，从电器到服装再到牙膏，无论是古老的行业还是新创的行业，每类产品都迅速更新其功能、性能、质量、款式乃至包装，苹果手机的更迭就是这方面最好的例子。

这种现象存在的原因很简单，因为每当一款新产品成功推出，就会获得暂时的垄断高价，吸引其他企业竞相效仿，竞争使得每款新产品都在不断降价，若不推出更新的产品，公司的利润将不断下降直至破产。

即使是在农林牧渔业，人们也不断地采用新技术，极力降低产品成本以获得相对较高的利润。每当先进的企业在某种产品上采用了新技术，降低了成本，获得了较高的利润，就会有大量的企业跟进，于是新一轮的竞争，就会把该产品的价格降低，从而使市场扩大。机械耕种、网箱养鱼、嫁接果树、选育良种、杂交水稻、转基因大豆等都是这方面的例子。

对于每一个人来说，需要是一种现实存在。但如果他买不起，或者说他没有能力或不愿意为此承担支付，这种需要并不构成有效的市场需求。每一种商品的市场，对于它的价格有购买能力的人群，才能构成它的潜在消费群体。利用广告和促销只能在潜在消费群体内部扩大参与消费的人数或消费量，只有当该商品的价格下降时，它的潜在消费群体才会扩大。

对于每种商品，具有购买力的潜在消费群体就像同心圆，每降一次价就向外扩大一圈。经济学的需求曲线告诉人们，当价格下降时，需求就会扩大。在一个产品的生命周期中，产品向穷人扩散的过程就是促使产品市场扩大的过程，与此同时，也是金钱向富人聚集的过程。因为金钱向富人聚集，阻止了产品向穷人扩散的过程，阻止了产品市场的扩大。

（六）另一只"看不见的手"

如果从人们拥有金钱的角度来观察社会，把拥有金钱数量大致相等的人群放在一起，社会也会构成同心圆。在最里面的中心圆中的人最富有，人数最少；越往外环越穷，人数越多；最外面的环形中的人最贫穷，人数最多。这里的同心圆与新产品市场扩散的同心圆形状相同。

从经济发展的方面来看，金钱的社会集聚和新产品的市场扩散，虽然都是同心圆，然而，金钱聚集的方向与新产品扩散的方向正好相反。新产品是从最有钱的人群逐渐向穷人扩散，而金钱却是从贫穷的人群向最富有的人群不断集聚。产品是从同心圆的中心向外环扩散的，但是金钱确是从同心圆的外环向中心聚集的。在当代世界上，金钱向富人聚集已经是一个不争的事实，基尼系数可以更确切地说明金钱的流向。以美国的基尼系数为例，美国的基尼系数在1967年为0.399，1998年为0.456，在这31年中美国基尼系数的逐渐上升，可以说明美国的社会财富逐渐在向富人集中。中国的基尼系数如何呢？根据一份研究，1997年中国的基尼系数为0.3706，自2000年开始越过0.4的警戒线并逐年上升，2004年为0.4387。根据国际货币基金组织（IMF）引用卢森堡收入研究所的数据，在从20世纪70年代末到90年代末约二十年间，英国、美国、瑞典、比利时、芬兰、澳大利亚、德国、卢森堡、西班牙、加拿大、意大利11国的基尼系数都是上升的，丹麦、荷兰、法国和冰岛4国的基尼系数是下降的。另又根据亚洲开发银行2007年的一项研究，从20世纪90年代到21世纪，尼泊尔、中国、柬埔寨、斯里兰卡、孟加拉、老挝、印度、韩国、越南、土库曼斯坦、阿塞拜疆、塔吉克斯坦、菲律宾、巴基斯坦14个国家基尼系数是上升的，只有印度尼西亚、蒙古国、马来西亚、哈萨克斯坦、亚美尼亚、泰国6国的基尼系数是下降的。

根据乐施会的研究报告，在2010年到2015年，全球贫富差距继续增大。2010年前世界上最富有的388名超级富翁所拥有的资产，已相等于世界较贫穷的一半人口所拥有的财富的总和。这5年间世界人口增加约4亿，而世界较贫穷的一半人口所拥有的资产并没有因而增加，反而减少了10000亿美元，下跌41%。与此同时，排名前62位富翁所拥有的资产却增加并超过 5000 亿美元，总财富达 17600 亿美元。乐施会曾于 2015 年世界经济论坛召开年会前预料，最富裕 1% 人口的财富，将于 2016 年超过其余 99% 人口的财富。结果这情况提前于 2015 年便出现了。

基尼系数虽然不能详细说明金钱的流动方向，却也可以从宏观上说明金钱向着少数富人集中的方向性。研究机构的研究结果，更加直接地反映了这个事实。现在全球贫富差距日益扩大，已经是全世界不争的事实了。那么，金钱为什么会向少数富裕人群集中呢？

众所周知，创新和投资是财富创造最重要的源泉，同时任何创新又都离不开投资。在今天创造新财富的各项因素中，已有财富的投资所发挥的作用依然是最大的。投资是由投资人决定的，那么投资人的利益就必然是决定经济发展的关键因素，也就是说不会存在没有投资人利益或利益预期的投资。

投资失败虽然是普遍存在的现象，但全球经济的提升与财富的增长都说明，成功的投资仍是经济发展的主流。投资的成功使得富人更加富有。市场中隐藏着的另一只"看不见的手"，就是这样使金钱流向了富有的人群，贫穷的人却相对更加贫穷。

在投资者当中也存在着大股东和小股东的区别。尽管小股东全休所占的股份有时并不少，但他们每个个体所占的股份很少（例如在股市上买股票的个体股民），能够分到的利润自然也就很少。大股东的人数虽然不多，但他们每个人所占的股份较多，能够分到的利润自然也就很多。

如果更多的穷人能够挣到更多的钱，市场将会扩大。产品的产量和产业的规模才能随之扩大。产业规模的扩大才能带来就业的扩大，也才能使更多的人挣到钱。商品市场和就业市场的交替繁荣，可以形成经济的良性循环。如果金钱流动的方向与产品扩散的方向相一致，这个循环将会得到不断地加强，其结果就是全社会的生活水平随着生产的发展自行提高。

但是，按照上述的财富发展规律，各产业发展的结果只能是金钱更加向着少数富人集中。相比穷人，富人的数量很少，相对于他们的金钱，富人的消费需要十分有限。相比富人，穷人的数量很多，相对于他们的金钱，穷人的消费需要并不能具备全部购买能力。

富人的钱多数用于投资，穷人的钱多数用于消费。随着金钱向着少数富人集中，大量投资拉动市场的供给量不断提高，而社会消费能力同时会受到很大限制。投资过剩和消费不足使得上述经济循环进入衰减循环，最终陷入停滞。金钱向富人集中得越快，经济循环衰退得越快。

市场经济是利润驱动的经济，是不能停止增长的经济。社会上的存款对应了商品的库存，一旦投资下降或停止，商品库存就会失去出路，形成商品过剩发生危机。经济的发展有赖于产品市场不断向相对更穷的人群扩散，但是金钱向富人聚集阻碍了市场向穷人的扩散，限制了经济增长，引发经济衰退，造成经济波动。贫富不均原本只是作为社会公平问题存在，贫富的差距在这里，实际上形成了经济增长真正的主要障碍。

（七）市场扩散与金钱聚集的混合作用

在没有价值较高的新产品问世之前，社会处于一个稳定的社会商品体系结构之下。全社会的产业结构相对固定，社会各级财富阶层的分配结构、消费结构及其消费水平相对固定。当有新的价值较高的新产品问世后，这一结构将被打破，经过重新洗牌后，又有新的社会商品体系结构随之建立起来。

近代以来人类逐渐有了手表、自行车、缝纫机、收音机、火车、轮船、汽车、电话、电视机、洗衣机、电冰箱、空调机、计算机、移动电话、互联网、移动互联网，等等。还有这些产品的更新换代，例如，从简单洗衣机到半自动洗衣机，再到全自动洗衣机；又如，从黑白电视、到彩色电视、再到数字高清电视；再如，从只能打电话的模拟移动电话，到可以发短信的数字移动电话，再到可以上互联网的网络数据移动电话。正是这一个接着一个的新产品的更新换代，一次又一次地打破和重建社会商品体系结构，推动了社会生活水平的不断提升和社会经济发展的不断进步。

从宏观来看，在经济扩张时期，每当有相对贵重的新产品诞生后，社会每年的收入有一部分用于原有就业人员维持原来的生活费用，再有一部分用于原有就业人员改善生活，还有一部分用于新增就业人员的工资，后面这两部分货币开支扩大了社会的消费。

每当社会处于一定的社会商品体系结构之下，由于社会阶层的消费结构及其消费水平相对固定，社会上富裕人群的需要总是最先得到满足。得到满足后，他们的消费增长受到社会商品体系结构这个"天花板"的压制，不会再有新的提升。

在任何一个封闭社会中，所有的最终商品及其在交换中所需货币，在理论上都可以认为：穷人商品需求＋富人商品需求＋社会剩余商品＝市场全部商品＝市场全部货币＝穷人的货币＋富人的货币＝穷人的货币＋富人商品需要＋富人剩余货币，因为，富人需要＝富人需求，穷人需求＝穷人货币，所以，社会剩余商品＝富人剩余货币。由于富人没有货币的限制，他们的需要最早被满足，社会剩余商品的进一步市场扩张，只能面对有需要但相对缺钱的群体，只能依靠降价展开。

互联网天涯社区上的博主马前卒，在他 2011 年的一篇博文《百年老狼——经济危机的脉络》中有一段话："虽然说赚钱多的人花钱也多，但从比例来看，月薪 500 块的人必然花光收入，1000 块的人最多攒一两百元，月薪一万的时候，可以每月攒几千存款。等到月收入百万，虽然奢侈品消费已经不少，但占总收入的比例可能也就是两三成。收入更高的人往往消费就要停滞了。在物质享受上，世界首富比尔·盖茨未必和一个国内大房产商拉开明显差距。"这段话比较符合社会上的实际情况，也比较形象地描绘了富人消费倾向递减现象。在一定的社会商品体系结构下，社会上的富人越富，其需要满足得越早，存款越来越多，消费数量相对于金钱收入就越少。凯恩斯所谓的边际消费倾向递减，实际上只发生在富人一边，并未发生在穷人一边，也不是社会的普遍情况。关于这一点也是言之有据的。俄裔美籍经济学家库兹涅茨在 1942 年曾对美国 1869—1938 年的国民收入与个人消费资料，进行了整理与分析。他发现，在长达 70 年的时间内，虽然美国的国民收入从 1869 年的 93 亿元上升到 1938 年的 720 亿元，国民收入大约增加了 7 倍，但人们的消费始终与收入维持于一个固定比率，平均消费倾向相当稳定，一直在 0.84~0.89 徘徊。库兹涅茨的这些发现表明，在长期消费过程中，消费为收入的一个固定比率，平均消费倾向并不是呈递减的趋势，而是相当稳定。

当社会由新产品的带动，进入一个新的商品体系结构后，最富裕人群对于新产品的需求最早得到满足，稍晚时他们收入的消费剩余只能使储蓄量不断增加；社会中原来已有工作的中产阶层和低收入者对于新产品的需求，也随着降价和市场扩大逐层逐渐得到满足，市场扩散必然逐渐向更加缺钱的人群发展；社会中新产品的消费增长，越往后越依赖更加缺钱的人群，这些人有许多是产业扩大带来的新增就业者，市场扩张要想面对更加缺钱的人群展开，只有通过不断降价才能实现。也就是说，消费倾向递减是发生在富人一边的现象，投资边际效率递减的原因，主要是因为产品随着市场扩张不断降价，由于投资拉动的供给量增加，必然迫使市场只能面对穷人扩张，只有依靠价格下降才能实现市场扩散，这一点可以由基德兰德和普雷斯科特关于价格逆周期性的研究结果给予证实。因为富人消费倾向递减和市场面向穷人降价造成的投资边际效率递减，都起源于金钱向富人集中和市场向穷人扩散。

现代社会上的储蓄可以被分为两种，一种储蓄是为了积攒到一定数量之后购买大件商品，如为了购置大件电器、手机、轿车、外出旅游、子女教育、防病防灾、补充养老、买房等准备资金；还有一种储蓄是因为收入的钱已经没有明确的消费用途，只能储蓄在银行或只能用于自行投资。

从社会公众平均的角度看，前一种储蓄经过一定的积攒时间之后就会形成消费，与社会上贷款消费（房贷、车贷、学贷等）的情况叠加在一起，从宏观来看这种储蓄与消费并无太大区别，可以暂时把这部分储蓄叫作社会消费储蓄，这部分储蓄主要发生在中层及以下较穷的人群中。而后一种储蓄必将会在很长的时间内无法形成消费，这些储蓄必将通过自行投资、银行投资或其他金融机构投资，形成社会资本也就是新的生产资料。可以暂时把这部分储蓄叫作社会资本储蓄，这部分储蓄主要发生在富人群体中。这些由社会资本储蓄增加制造的新的生产能力，必将带来新一轮的扩大再生产，制造出更多的就业机会和产生出更多的商品。由于原来的社会资本储蓄本身就是这个社会消费的剩余，如今又生产出了更多新增的产品，如果新增的就业无法消耗新增的产品，就会形成更多的社会资本储蓄。

在每年的投资中有一部分形成固定资产投资，有一部分形成流动资产投资。固定资产投资要经过较长的折旧周期（数年至数十年）才能逐渐收回，再次成为资金；流动资产投资只要经过较短的流动周期（数天至十数月）就能收回，再次成为资金；这些收回的资金及其所代表的存货还必须再次变成投资，才能实现其价值，不然就是过剩积压。

由于在新一轮的扩大再生产中，社会已有的分配形式和生活方式并未发生改变，既然原有社会能够产生社会消费剩余，新增的就业也必然无法全部吸收新增的产品，必然会产生新的社会消费剩余和节余，形成新的社会储蓄增长。社会将再次面临新增储蓄带来的扩大再生产。如此循环往复，新增的就业总是无法消费全部新增产品，其结果只能是产量越来越大，消费相对于产量却越来越少。若不改变已有的分配形式，新增消费相对于新增储蓄将急剧萎缩，产品只能依靠降价扩大供给量。由于成本下降的空间有限，产品的利润空间不断缩小，这就发生了投资边际效益递减。

尽管技术提升改进可以带来成本下降，效率提升，但随着投资和产能持续不断地扩大，成本降无可降，价格和利润率下降趋势仍不可避免。当产品的利润空间缩小到很低时，储蓄增加很难变成投资。投资减少造成就业增长萎缩，使得商品市场扩展受到更多阻碍。

在投资与供给增加带来就业扩大的同时，利润率下降导致投资减少，造成社会上穷人的就业和收入的下降。利润率降低到平均水平以下时投资就会停止，就业增加和穷人的收入增长也会停止。此时产能与产量不仅不会减少，也许还会增加，再加上购买力不足必然造成产品积压。

列出算式来看一个产业的发展，可以看得更加清楚一些。如果有人不喜欢看这些令人心生烦恼的算式，可以忽略不看，也不会对后续阅读产生任何影响。

设：在某一行业中，该行业产品每年利润率为 r，$0<r<1$，第一年成本为 A，那么：第一年产值为 $A/(1-r_1)$；如果忽略利润被用于消费的部分（实际上比例很小），认为产值全部实现销售，利润全部用于再投资，并认为再投资全部作为成本（包含折旧，长期可以这样来看）；

第二年的追加投资为 $r_1A/(1-r_1)$，成本为 $A + r_1A/(1-r_1) = A/$

$(1-r_1)$，产值为 $A/(1-r_1)(1-r_2)$；

第三年的追加投资为 $r_2 A/(1-r_1)(1-r_2)$，成本为 $A/(1-r_1)(1-r_2)$，产值为 $A/(1-r_1)(1-r_2)(1-r_3)$；

不难推出，第 n 年的追加投资为 $r_{n-1}A/(1-r_1)(1-r_2)\cdots(1-r_{n-1})$，成本为 $A/(1-r_1)(1-r_2)\cdots(1-r_{n-1})$，产值为 $A/(1-r_1)(1-r_2)\cdots(1-r_n)$。

用一些具体数字来表示，可以更加直观一些。如果 $r_1=30\%$，$r_2=25\%$，$r_3=20\%$，$r_4=15\%$，$r_5=10\%$，$r_6=5\%$，$A=100$，那么就有：

年份	1	2	3	4	5	6
利率	30%	25%	20%	15%	10%	5%
成本	100	143	191	238	280	311
产值	143	191	238	280	311	327
利润	43	48	48	42	31	16

因为 $0<r<1$，所以 $1<1/(1-r)$。最初 r 很大，$(1-r)$ 很小，每年产值增长 $1/(1-r)$ 很高，由于 n 和 A 不大，产值 $A/(1-r_1)(1-r_2)\cdots(1-r_n)$ 并不大；越往后 r 不断减小，每年产值增长比率 $1/(1-r)$ 变低，由于 n 变大，产值 $A/(1-r_1)(1-r_2)\cdots(1-r_n)$ 越来越大大。

如果考虑更接近实际一些，可以认为每年的产值有一部分用于消费，另一部分用于储蓄。设：每年利润率为 r，$0<r<1$，每年新增储蓄比例为 s，每年消费比例为 t，$s+t=1$，$0<t<1$，$0<s<1$；在 s 中用于下年新增投资的比例为 i，没有形成新增投资的新增储蓄的比例为 $1-i$，$0<i<1$，设 $u=is$。

第一年成本为 A，产值为 $A/(1-r_1)$，消费为 $t_1A/(1-r_1)$，新增储蓄为 $s_1A/(1-r_1)$，下年的新增投资为 $u_1A/(1-r_1)$；如果认为投资全部作为成本（长期可以这样来看），

第二年的成本为 $A+u_1A/(1-r_1)=A(1-r_1+u_1)/(1-r_1)$，产值为 $A(1-r_1+u_1)/(1-r_1)(1-r_2)$，消费为 $t_2A(1-r_1+u_1)/(1-r_1)(1-r_2)$，新储蓄为 $s_2A(1-r_1+u_1)/(1-r_1)(1-r_2)$，下年新增投资为 $u_2A(1-r_1+u_1)/(1-r_1)(1-r_2)$；

第三年的成本为 $A(1-r_1+u_1)(1-r_2+u_2)/(1-r_1)(1-r_2)$，产值为 $A(1-r_1+u_1)(1-r_2+u_2)/(1-r_1)(1-r_2)(1-r_3)$，消费为 $t_3A(1-r_1+u_1)(1-r_2+u_2)/(1-r_1)(1-r_2)(1-r_3)$，新增储蓄为 $s_3A(1-r_1+s_1)(1-r_2+u_2)/(1-r_1)(1-r_2)(1-r_3)$，下年新增投资为 $u_3A(1-r_1+s_1)(1-r_2+u_2)/(1-r_1)(1-r_2)(1-r_3)$；

第四年的成本为 $A(1-r_1+u_1)(1-r_2+u_2)(1-r_3+u_3)/(1-r_1)(1-r_2)(1-r_3)$，产值为 $A(1-r_1+u_1)(1-r_2+u_2)(1-r_3+u_3)/(1-r_1)(1-r_2)(1-r_3)(1-r_4)$，消费为 $t_4A(1-r_1+u_1)(1-r_2+u_2)(1-r_3+u_3)/(1-r_1)(1-r_2)(1-r_3)(1-r_4)$；新增储蓄为 $s_4A(1-r_1+u_1)(1-r_2+u_2)(1-r_3+u_3)/(1-r_1)(1-r_2)(1-r_3)(1-r_4)$，下年新增投资为 $u_4A(1-r_1+u_1)(1-r_2+u_2)(1-r_3+u_3)/(1-r_1)(1-r_2)(1-r_3)(1-r_4)$；

不难推出，第 n 年的成本为 $A(1-r_1+u_1)(1-r_2+u_2)\cdots\cdots(1-r_{n-1}+u_{n-1})/(1-r_1)(1-r_2)\cdots\cdots(1-r_{n-1})$，产值为 $A(1-r_1+u_1)(1-r_2+u_2)\cdots\cdots(1-r_{n-1}+u_{n-1})/(1-r_1)(1-r_2)\cdots\cdots(1-r_n)$，消费为 $t_nA(1-r_1+u_1)(1-r_2+u_2)\cdots\cdots(1-r_{n-1}+u_{n-1})/(1-r_1)(1-r_2)\cdots\cdots(1-r_n)$，新增储蓄为 $s_nA(1-r_1+u_1)(1-r_2+u_2)\cdots\cdots(1-r_{n-1}+u_{n-1})/(1-r_1)(1-r_2)\cdots\cdots(1-r_n)$，下年新增投资为 $u_nA(1-r_1+u_1)(1-r_2+u_2)\cdots\cdots(1-r_{n-1}+u_{n-1})/(1-r_1)(1-r_2)\cdots\cdots(1-r_n)$。

初期时 n 较小，利润率 r 较高（比如 r=50%），t 较高，s 较小（比如 s=10%），i 较高（比如 i=100%），u 较小（比如

$u=is=100\%*10\%=10\%$），r 与 u 相当，（$1-r+u$）接近于 1，每年的产值增速 $(1-r+u)^{n-1}/(1-r)^n$ 接近于 $1/(1-r)^n$，前些年因为 r 较大，增速较高，但产值 $A(1-r+u)^{n-1}/(1-r)^n$ 约为 $A/(1-r)^n$ 并不大；

随着每年的 r 与 i 不断减小，u 不断减小，r 与 u 仍然相当（比如 $r=5\%$，$u=5\%$）；（$1-r+u$）仍接近于 1，产值的增速 $(1-r+u)^{n-1}/(1-r)^n$，仍接近于 $1/(1-r)^n$；$1/(1-r)$ 因 r 的下降而下降，越来越接近于 1；s 不断上升，t 和 u 不断下降；到后期 n 已经较大；每年的产值约为 $A/(1-r_1)(1-r_2)\cdots\cdots(1-r_n)=P$，新增储蓄约为 sP 都因为 n 和 s 的上升而上升，已经较大，但近似的消费 tP 与下年新增投资 uP 却因 t 和 u 的不断下降，而持续下降。

如果因为利润率持续下降，最终导致新增投资停止，此时，所有新增储蓄所代表的产品库存将失去出路，无法售出形成其产品价值，只能造成产品过剩积压。

用一些具体数字来表示，可以更加直观一些。如果设 A=100 亿元，并设定 r、s、i 的数值见下表，在这些假设下那么就有：

年份	1	2	3	4	5	6	7	8	9	10
r	50%	45%	40%	35%	30%	25%	20%	15%	10%	5%
s	10%	12%	14%	16%	18%	20%	22%	24%	26%	28%
i	100%	90%	80%	70%	60%	50%	40%	30%	20%	10%
u	10%	11%	11%	11%	11%	10%	9%	7%	5%	3%
成本	100	120	144	170	200	231	261	290	315	333
产值	200	218	239	262	285	307	327	341	349	350
利润	100	98	96	92	86	77	65	51	35	18
储蓄	20	26	34	42	51	62	72	82	91	98
投资	20	24	27	29	31	31	29	25	18	10

这张表中的数据误差源于进位，这里没有产量的体现，成本是成本总额，不反应单位产品的成本。这里数据 r、s、i 的设置体现了凯恩斯的理论，反映了价格下降带来的利润率和投资的减少。从这些计算得到的直观数字，可以很清楚地看到，新增储蓄与新增投资的偏离情况越来越严重，到最后新增投资增长已经远小于新增储蓄的增长。无法形成投资的所有储蓄必然变成社会产品的过剩积压，最终带来经济衰退或萧条。造成这种市场现象的根本原因是金钱向着富人的聚集，和产品向穷人的扩散。

随着 s 的不断提升，t 不断下降，新增储蓄所占比例不断增长，消费需求所占比例不断减少。需要注意的是，s 与 t 是社会的平均新增储蓄与消费的比例，实际上，占人口 1% 的富人占有 50% 的财富，占人口 99% 的穷人只占财富的 50%。假设：

第一阶层最富阶层占人数 1%，占财产 50%，每年收入占年产值的 10%，每年新增储蓄占年产值的 8%（购房、教育、防灾、投资）。

第二阶层职业经理人和高等专家占人数 4%，占财产 10%，每年收入占年产值的 20%，每年新增储蓄占年产值的 2%（购房、教育、防灾、投资）。

第三阶层高级白领和高级技术人员占人数 10%，占财产 10%，每年收入占年产值的 20%，每年新增储蓄占年产值的 2%（购房、教育、防灾）。

第四阶层普通白领和一般技术人员占人数 25%，占财产 20%，每年收入占年产值的 20%，每年新增储蓄增加占年产值的 2%（购房、教育）。

第五阶层普通劳动者占人数 60%，占财产 10%，每年收入占年产值的 30%，每年新增储蓄增加占年产值的 1%（购房）。

处在经济上升阶段，社会各阶层的 s 虽然数值不同，但都随着 n 在增长，产值以每年 $(1-r_{n-1}+u_{n-1})/(1-r_n)$ 的速度增长，如果 n 年之后 r 与 u 已经较小，产值仍然会以 $1/(1-r_n)$ 倍的速度增长。这里可以用同样的分析方法，分别来看不同阶层的情况。

前三阶层的新增储蓄增加总和会以 $10\%s_n/(1-r_n)s_{n-1}+20\%s_n/(1-r_n)s_{n-1}+20\%s_n/(1-r_n)s_{n-1}$ 的速度增加，虽然这其中分属三个不同阶层的三个 s_n 与 s_{n-1} 的数值虽然不同，但各自都在增长，s_n/s_{n-1} 都大于 1，且增幅不断扩大。因此，前三阶层的新增储蓄增加总和增幅较大。正常来说，后两个阶层的新增储蓄，无论是增长或不增长，都不会下降，这也就是说全社会总新增储蓄在上升。

后两个阶层是消费增长的主力军，他们的消费总和会以 $20\%t_n/(1-r_n)t_{n-1}+30\%t_n/(1-r_n)t_{n-1}$ 的速度增长，虽然这两个 t_n 与 t_{n-1} 分别属于两个不同阶层，数值各不相同，但 t_n/t_{n-1} 都小于 1，但接近于 1，由于 $(1-r_n)$ 也接近于 1。后两个阶层的消费都是不增或小幅增长的。这样看他们消费的增长几乎不变，因为前三个阶层的消费增长必然是下降的，所以说全社会总的消费增长在下降。全社会总的新增储蓄在上升，再加上消费增长在下降，最终必然形成社会商品积压、过剩或供大于求。

（八）产品的生命周期

在这一节中，先考察一个新兴行业的兴起和衰落的过程，更容易让大家清楚地看到市场经济是如何运行的。

　　当某种高价值的全新商品刚刚研发成功，开始出现在市场上时，这种新型产品只有个别企业生产和很少数人购买，价格很高、开发成本摊销很高、利润率也很高，此时销量小、市场不大，利润总额也不高。企业为了增加利润，必须提高供应量，因而加大广告宣传的力度，在具有购买力的潜在消费人群中，扩大实际消费群体和消费量。然而，受限于购买能力，消费者只能在潜在消费群体中产生，广告的作用最多能够唤醒潜在用户的购买与消费。

　　随着具有购买能力的潜在用户被唤醒，市场销量开始增长，成本摊销下降，利润率非常可观，市场逐渐升温。这时会有一些敏感的厂家和投资者被高额的利润率吸引，进入该商品的产销行列，使该产品的市场供应量大增，利润也大幅增长。首批具有购买力的潜在消费者的产品需要，很快就会得到满足，产品价值越高，这个群体越小，他们的需要满足得越快。供给量的不断增长需要市场继续扩大，市场的扩大只能面向相对缺钱的人群展开，只有通过降低价格才能实现销量与市场的扩大。在新产品投放市场的初期，虽然价格下降，但利润率依然很高。

　　社会利润总额增长，必然造成储蓄的增加，储蓄增加所代表的社会产品库存，只有通过扩大再生产，才能售出或出清，才能实现产品价值。在理论上，有多少储蓄增加就有多少社会库存商品。不断增加的储蓄和与之相应的社会产品库存，就形成了源源不断的资本（物资）的投资（扩建）。

　　产能与供应量的增加，必然造成就业的上升，就业的上升，进一步扩大了产品的市场。产品市场的扩大又反过来带动了供应量、投资与就业的增长，产品市场与就业市场供需两旺，形成良性循环。然而，新增就业及其所造成的市场扩展，主要发生在社会低收入群体，新增就业人群的消费能力与消费水平，在全社会中是相对最低的，这样的消费群体对于市场扩展的拉动作用毕竟有限。随着供应量大增，必然造成产品价格和利润率的逐渐下降。利润率下降会迫使企业利用包括改进技术、加强管理以及压榨采购等各种手段降低成本，以维持一定的利润率。此时的利润空间还会驱使，自以为拥有更低成本、更新技术或更强产品功能及性能的更多企业与就业不断进入，从而导致更大的供应量、更低的价格、更多的需求、更低的利润率。这大概就是所谓的"庇古效应"。

一轮接一轮的投资和投产此起彼伏，产品的利润率不断因价格的下降而下降，直到最后产品利润率接近于零，投资才会停止。在此刻到来之前，由于众多公司的投资由各企业分别进行操作，相互间信息隔绝。每个投资企业都以投资前的市场规模、盈利水平及其发展趋势作为依据，进行投资评估和决策，经过投资的建设过程，待到投资变为实际产能时，产能已经大大过剩。

在市场上升阶段，供应量的增加意味着生产的扩大和雇佣就业的增加。由于熟练劳动者只能在本行业内产生，培养过程相对缓慢，生产规模扩大使得各企业在劳动力市场上对同种熟练劳动者的争夺始终存在。熟练劳动者的工资一般具有粘性，这对企业降低成本构成了限制。

对于企业来说降低成本是一个十分艰难的过程，且越来越难。前期他们的生产利润率较高，各项开支也相应宽裕，延续下来积习难改。企业更不愿意在困难时降低职工的工资，这样做将会涣散人心，使熟练劳动者流向竞争对手。由于竞争激烈，资源日益紧张，原材料及设备等成本此时已经降无可降，有时甚至是上升的。企业的成本压缩主要寄托于技术改进，一期又一期的技术改进会造成生产效率的提升，导致成本下降和产业所需劳动量的相对减少。成本下降给价格下降提供了一些空间，对扩大市场和增加就业有利。但是，劳动量的相对减少会带来就业增长的降低，进而也会导致市场需求量增长的降低，市场需求量的萎缩反过来又会影响到就业。显然，效率提升带来了降价空间加大和对劳动需求的相对减少，两者对于就业扩大具有相反作用。不过总体上，应该是前者的作用大于后者，否则，就不可能有经济发展的历史了。

在市场饱和阶段，过大的供应量使得产品价格快速下降，虽有技术改进提效等有利因素的支持，但也受到各种成本很难降低的限制，所有成本的下降速度很难跟上价格的下降速度，最终导致企业没有利润。价格无法继续下降，市场无法继续扩大，市场上的产量与产能甚至还在增长，产品积压越来越多。竞争的结果是很多企业产生亏损或被迫倒闭，少数成本较低的厂家得以生存，多数成本较高的厂家被淘汰出局。如果是占经济份额较大的产业发生衰退，或是有很多产业同时衰退就会引起经济的衰退。

凯恩斯经济学用边际成本增加造成边际收益递减，来解释产业衰退，这种边际成本递增的实际作用，在现代其实并不大。其原因在于除了电信、电力、铁路等少数产业外，大多数产业都有其规模经济。在产品的发生、发展和衰退的过程中，新投资都会在经济规模或其整数倍数的规模上进行，并且新产能的生产成本往往相对更低。熟练劳动者的缺乏，不仅会发生在产业扩张的中晚期，在产业扩大过程中的任何时期始终都会存在。因边际成本增加造成的边际收益递减，并不是资本边际效率递减的主要因素。

现代产品的资本边际效率递减实际上主要来自供应量跟随投资不断增加时，市场上商品价格的不断下降。而这种商品因供应量增长而造成的价格下降，其必然性来自商品供应量增长时，商品市场只能面对相对较穷的人群扩展，只有在价格下降中，市场才有可能扩大。当价格下降的速度超过成本下降的速度后，利润率必然下降，资本边际效率递减就发生了。资本边际效率递减，社会投资必然随之下降，但是此时的储蓄并未下降，有时还在增长。这些储蓄增加代表的社会库存商品，在市场扩张期可以通过投资形成扩大再生产，但是后来投资下降甚至停止时，这些相应的社会库存商品就再也没有出路了，只能变成了社会过剩积压商品。与此同时投资的下降或停止也造成了就业扩大的停顿，进一步造成市场萎缩，由此，就业数量与商品需求量就会形成衰减循环。

这时同行的企业，因为价格已降无可降且成本已无可压缩，多数都已处于盈亏线之下，有些成本较高的企业已被迫倒闭。这个行业的产值，如果占全社会总产值的比例较高，必将拖累整个社会经济走入低谷。正是在经济低迷时期造成企业亏损的相应成本，逐渐消耗了社会积压商品，才使得经济再次逐渐好转起来。此时若再有新型商品的产业兴起，可以帮助和加速经济的好转或恢复。

若非如此，无论怎样过度投资，只要生产出商品就一定会像萨伊定律所言，"供给自创需求"。也正如穆勒所说的那样，偿付商品的手段就是商品。每一个人偿付给别人产品的手段就是自己所持有的产品。因此，一切卖者同时也是买者。但是，经济发展的现实结果却是一部分货币储蓄既无消费需求也无投资需求。社会积压的商品既缺乏具有购买力的购买，也无法投入再生产。

（九）经济发展与人的观念交互上升

到今天人们依然没有对经济发展有一个全面的认识，面对任何一个经济不发达地区，经济学家能够给出的发展建议依然是五花八门，到底哪个是对的？或者说哪个更好些？众说纷纭，谁也说服不了谁。

迄今为止，所有经济的发达繁荣都来自市场的高效运行。从抽象来看，市场经济是由三百年前至今逐渐发展起来的一整套理念组成的完整机制，并还在发展之中。哪个地区人的观念更加符合市场的潜在规律，哪个地区的经济就更加发达。市场经济发展的过程，就是对市场规律的理解和把握的进程。这种理解和把握不是少数人的事而是万千大众的事情，也就是全体民众针对市场的认知、意识或素质，所有对于市场的无知和错误都会贻误经济发展。如果人们回顾经济发展的历史就会发现，历史上人们对市场经济是那么的无知，和今天相比差距太大了。

经济发达地区的人到经济欠发达的地区去，或者反过来，经济欠发达地区的人到经济发达的地区去，都不难发现，在这两种经济发展水平不同的地区，人们的思想观念有着显著的差别。经济发达地区人们观察经济不发达地区的人，明显可以感觉到经济不发达地区人们的思想观念陈旧落后、不可理喻；经济不发达地区人们看经济发达地区的人，认为经济发达地区人们的行为无法理解、不可思议。这正是地区经济存在差别的关键问题，正是经济发展的关键所在。抽象地看，区域经济发展就是本地人的观念转变，经济发展过程就是观念的转变过程，这个转变不可能一蹴而就，只有本地人在自己的实践中，经过不断地探索、挫折、反思与醒悟才能逐渐实现。

经济的进步使得人们有更多的时间学习与思考，为思想观念转变提供了可能性，经济的进步使得人们必然面临更进一步的更新问题。新问题为思想观念转变提供了必要性，经济的进步是市场竞争不断加剧的结果，竞争为思想观念转变提供了紧迫性。

任何地区的经济都不可能突然有很大程度的提升。经济的增长只能与当地人们的思想观念交替上升，这里讲的人们是广泛的人民大众，而不仅仅是几个先进分子。人们的思想观念每前进一小步，经济就会前进，同时又会有新的问题涌现出来。人们必须对新问题不断进行探索、反思与总结。在这种交替的上升当中，经济进步的速度快于思想观念转变的速度。由于观念转变耗费了很长的时间，经济发展的过程同样经历很长时间，只要当地的人们有了先进的市场观念，就必然会有先进的经济。

　　经济发展的不可跨越性，就在于本地人的思想观念的转变与本地经济发展互为前提、同步发展。任何外界先进理念的输入，如果做得好，也只会加速进程，无法跨越这个进程；如果做得不好，轻则延误，重则大幅迟滞这个进程。观念的转变必须有经济基础，而经济发展必然依赖于人们观念的进步，且观念转变必须花费大量时间。经济发展和观念转变，不可能发生大幅跨越，两者交替发展的最佳方式，就是小步快跑。经济发展的一个成果是物质财富的增加，另一个更大的成果就是人们市场理念的提升。

（十）国际货币体系

　　国际货币用于支撑国际贸易，如果没有现行的国际货币体系对全球贸易的支撑，当前这样的全球化专业生产以及由此带来的巨大效率是不可能实现的。从下面的分析可以看到，国际货币体系事实上存在根本性的问题。

1. 现行国际货币体系

　　今天的国际货币体系基本上是一个以美元为主体的货币体系，是一个以货币发行国的国家信用作为根本支撑的货币体系。它来源于欧洲人早年建立起来的金本位国际货币体系，金本位货币的信用来自贵金属的稀缺性。随着美国在两次世界大战后的崛起，欧洲人建立的以英镑为主体的国际货币体系演变为以美元为主体的布雷顿森林体系。布雷顿森林体系间接以黄金为本位，以美元作为国际储备货币，美元直接与黄金挂钩，各国货币则与美元挂钩，各国政府或中央银行可按 35 美元一盎司的官价向美国兑换黄金。

由于布雷顿森林体系与美元的信誉密切相关，只要美国国际收支情况恶化，美元的国际信誉就会受到极大冲击。布雷顿森林体系建立之后，曾经爆发了多次美元危机。从20世纪50年代后期开始出现了全球性"美元过剩"情况，各国纷纷抛出美元兑换黄金。到1971年，美国的黄金储备再也支撑不住日益泛滥的美元，美国尼克松政府被迫于1971年8月宣布放弃美元兑换黄金，布雷顿森林体系从而土崩瓦解。

国际货币基金组织（IMF）于1976年在牙买加首都金斯敦召开会议，高票通过了《牙买加协议》，形成了牙买加国际货币体系。协议的主要内容是：取消汇率平价和美元中心汇率，确认浮动汇率制，允许会员国自由选择汇率制度；取消黄金官价，各国中央银行可按市价自由进行交易；国际储备货币多元化，使特别提款权（SDR）成为IMF主要储备资产，加强基金组织对国际清偿能力的监督；扩大对发展中国家的资金融通，设立信托基金，以优惠条件向最贫穷的发展中国家提供贷款，扩大基金组织信贷部分的贷款额度。

《牙买加协定》废除了各国货币的黄金本位，增加了国际货币的多元化，确认浮动汇率制。至此，世界上的所有货币信用的根基已经由贵金属的稀缺性，演变成了纯粹的国家信用。虽然国际货币由此开始多元化，并且汇率可以浮动。但是，牙买加国际货币体系仍以几个最发达国家的货币作为国际储备货币，实质上还是以美元为中心的国际货币体系，其他货币在国际货币体系中的分量，都很难与美元相抗衡。历史的变迁至此，金本位的国际货币体系已彻底演变为以国家信用为根基，以美元为中心的现有国际货币体系。当今全世界之所以可以接受以美元为中心的国际货币体系，主要是因为美国是当今世界最强大的经济体。全世界人民都相信，美国经济的强大足以保证美元稳定。如果连美元都不可靠，还有哪国货币更加可信？正是美国经济的强大，为美元在全球建立了稳定的信用。然而，2008年美国次贷引发的全球金融危机，从根本上动摇了美元在全世界人民心中的坚固地位。

在市场上商品具有价值是因为人们在获得商品（或服务）时花费了劳动。不过，人们对于商品价值的判断，并不完全取决于获得商品所付出的劳动，更多地取决于商品的市场供求关系，综合表现为市场价格。在市场上，某种商品供大于求时其价格下降，供小于求时其价格上升。人们对于商品价格的判断是人的内心价值感知与外界商品价值的结合。

由于价值是人们内心的感觉，它只存在于人的心里。这样的价值衡量标准无法使用类似公斤、公尺这种恒定的单位来计量，有史以来人们采用货币来计量商品对于每人自己的价值，这是历史自然发展的结果。在本地交易中，用货币衡量商品价格具有由此带来的巨大的便利性。当前的国际货币体系只是对本地市场中货币使用经验的简单沿用，或者说惯性沿袭，人类尚未对其进行更加深入的剖析。

在经济发展之中，货币自身在市场上也存在供需平衡问题。与所有商品的供求关系相同，货币的流通数量也会直接影响到货币自身（相对于商品）的市场价格。货币流通的数量超过市场商品流通的需求，货币就会贬值。货币流通的数量少于市场商品流通的需求，货币就会升值。市场正是在用一个浮动的值（货币价格）去衡量另一个浮动的值（商品价格），这样的价值尺度并非一个理想的最佳标准，尤其在货币自身价格波动很大的时候，更是问题重重。

在贵金属货币时代，保证货币不会大量涌入市场冲击商品价格的是贵金属的稀缺性，人们必须花费多于获得普通商品的劳动，才能获得等价值的贵金属货币。在贵金属货币体系支撑的市场中，人类为了获得市场上的商品，除了必须消耗生产商品的劳动之外，还必须消耗得到市场流通所需贵金属货币的额外劳动。在贵金属货币时代，这是人们在获得市场化专业生产带来的效率大幅提升时，所必须付出的市场成本。市场要求的货币总量应该等于正在流通中的一般商品的总量，否则无法保证市场的正常流通。这个成本的确很高，如果加上流通必然带来的货币储存和因为其他各种原因形成的货币储存，这个成本就高得更多了。

此外，在生产力快速提高的时代，市场流通中的商品会大幅增加，市场对于货币的需要也必然大幅增加。然而，贵金属具有资源稀缺的特点，市场上贵金属数量能否增加，并不会完全按照人们的意志和努力而改变。在经济高速发展时，市场上贵金属数量的增加，必然少于市场商品大幅增加时，流通商品增加对于流通货币增加的需求。此时，贵金属货币体系必然严重限制市场经济的高速发展，随后出现的金本位的纸币，大幅缓解了这个限制。到了 20 世纪 70 年代，甚至金本位的美元也已无法支撑世界市场上国际贸易的大幅增长。在经济高速发展的时代，以贵金属本位的货币体系遭到淘汰，也是经济高速发展的必然结果，这一点也正是布雷顿森林体系在国际贸易激增时崩溃的底层原因。

在金本位的货币体系演变成国家信用支撑的货币体系后，贵金属货币对市场经济发展的限制消失了。随之而来的严重问题是各国的政府或央行的信用，在当今的世界上不存在任何硬性约束。当货币发行数量大大超过市场对流通货币的正常需求量时，或与此正好相反时，货币在商品市场上的价值衡量功能已被严重破坏。

2. 现行国际货币体系的弊病

现行的国际货币体系存在着两大问题。首先是特里芬悖论，若美国国际收支持续出现逆差，必然影响美元信用，引起美元危机；若美国要保持国际收支平衡，稳定美元，则会断绝国际储备货币的来源，引起国际清偿能力的不足。其次是发行国与储备国各自的经济对于国际货币的需求不同，相互产生严重的影响，尤其是发行国的通胀与通缩，对于储备国经济的影响最为严重。2008 年由美国次贷引发的金融危机，使全球经济遭受重创，2015 年底开始的美联储加息，又对全球经济造成重大影响。如果可以实现国际货币多元化，则可以大幅度缓解这两个矛盾。然而，国际货币多元化却受到各个承担国际货币的国家之经济信用是否足够强大的挑战。

特里芬悖论给国际贸易带来两大严重问题，随着国际贸易数量的大幅增长或规模的大幅上升，这两大问题越来越凸显出来。第一大问题是：随着国际贸易数量的大幅增长，全球对于国际储备货币的需求量必然大幅增加，由此必然造成美元的大量流向美国境外，美国的贸易赤字或国际债务必然大幅上升，否则全球的国际贸易市场就没有足够的美元用于维持市场的正常流通。原因很简单，只有美国可以发行美元，除美国以外拥有美元的世界各国，无论把自己的产品卖给哪个国家，实际上最终都相当于自己的产品出售了给美国，唯有如此才能换到美元。也就是说只要全球的国际贸易增长，就必然会有美国的贸易赤字或国际债务随之增长，否则随之而来的，只会是美元的升值，由此才能弥补世界市场上美元的不足。

第二大问题是：美国（任何国际货币的发行国）只要以微小的成本印刷美元（国际货币），就可以购买世界上任何一个国家的人们花费了辛苦劳动生产的商品。在如今数这个字化时代，甚至不用印美钞，只要在计算机中输入几个字符，就可以做到这一切。虽然名义上美国每年的贸易逆差都在不断增加，但是这些贸易逆差已经用美元支付过了，只要世界市场流通所需美元的数量在增长，美国就可以源源不断地输出美元，换回美国所需要的各种商品。今天世界上美国发行的美元现钞约有 2/3 在美国境外流通，也就是说美国几乎无偿占有了价值 2/3 美元现钞总量的世界其他国家的商品，这还仅是现钞部分。

2008 年金融危机爆发后，美国施行量化宽松的货币政策，发行了大量美元。从 2008 年 10 月到 2014 年 10 月美联储实施了三轮量化宽松，通过购买机构债券、政府债券和支持债券等手段，总共购买了 4.5 万亿美元的资产。从 2007 年 9 月开始，

美联储连续降息，在短短 15 个月内，把联邦基金利率从 5.26%
降到几乎为零，并维持该水平直到 2015 年 12 月，超低利率促
使美元流向美国境外，尤其是利率较高的发展中国家。这相当
于全世界借钱给美国，无偿地帮助美国安然渡过规模空前的金
融危机。

　　从 2008 年金融危机爆发至今，全世界都在探讨如何改进当
今的国际货币体系，但是一直没有能够找到一个更好的解决方
案。这主要是由于：① 国际货币体系必然要求国际货币具有很
强大的经济体作为其信用后盾；② 全球大宗商品以美元计价进
一步巩固了美元作为世界货币主体的地位。如果可以减低世界
市场对于国际货币的要求，如果全球大宗商品可以找到其他更
好的计价单位，则可以实现国际货币多元化。

3. 国际货币的作用

　　货币具有五大功能：价值尺度、交换媒介、储藏手段、支
付手段与世界货币。作为现在世界通行国际货币的美元全部具
备这五种功能，但也都存在缺陷。

　　在商品交换过程中，作为价值尺度，货币是一般等价物，
可以表现任何商品的价值，衡量一切商品的价值量；作为交换
媒介，货币为商品流通提供中介便利，便于买卖各方实现不同
的需求；作为支付手段，货币用来改变市场上各交易各方的债
权债务关系；有了储藏手段，货币才可以具备交换媒介和支付
手段的功能；从理论上讲任何一种货币都可以作为国际货币，
但在现实当中，只有相对稳定、信用度最高的个别国家货币，
才能获得其他国家的认可和接受。

在完成国际交易的实际过程中，与国际货币一起发生货币作用的还有交易各方的本国货币，货币的各种功能并非由国际货币独立承担。交易各方必须综合考虑商品的本币价格及外汇兑率才能达成国际交易。现存的国际贸易体系中，国际货币与各国本币在作为价值尺度时，存在着功能的交叉重叠。在国际贸易中，货币的价值尺度的功能是由本币和国际货币共同承担，而交换媒介、支付手段和储藏手段功能是由国际货币独立承担。

作为理想的国际货币应该具有恒定的价值尺度的功能，就像公斤、公尺一样。但是由货币担当价值尺度时，商品的价格就只能跟随着货币价格的浮动而浮动。更有甚者，由于美元的货币供给量取决于美国自己的经济状况，美元自身的价格就会随着美国经济发生波动，而这时世界其他国家的经济发展并不一定与美国经济的发展保持一致的关系。美元作为全球国际价值尺度就存在着不可避免的严重矛盾。此外，美元的价格波动也给全球各种经济统计带来了很多换算的麻烦。IMF与众多国际经济研究机构饱受其苦。市场上的交换与支付，必然带来储藏（只是储藏时间的长与短的不同）。作为国际货币，美元自身的涨跌就会直接带来支付和储藏前后其自身价格的改变，由美元来完成储藏手段、支付手段与交换媒介功能，都会由此引发国际贸易中的汇率风险等诸多问题。

4. 分解国际货币的功能

从下面的分析可以看到，如果人为地把国际货币作为价值尺度的功能分拆出来，创立一个国际货币价值符号，只具有价值尺度的单一功能，而交换媒介、支付手段与储藏手段由交易各国的本国货币或多种国际货币来承担，国际货币现存的一些矛盾问题就会迎刃而解了。

由于国际货币价值尺度不是货币，自身没有供需引起的涨落问题，这个尺度相对稳定；由于国际货币价值尺度的存在，也会降低对于承担国际货币功能的各国货币之信用要求，逻辑上有了国际货币价值尺度与一些比较稳定的国际货币组合应用，在外汇市场的辅助下，就已经可以满足所有国际交易的需要了。

20世纪40年代，英国经济学家凯恩斯曾提出名为"Bancor"的设想，他建议采用30种有代表性的商品，作为定值基础建立国际货币，当时没有被国际社会采纳。依据人们使用货币判断物价的经验不难推测，如果当时全球真的采用了"Bancor"，用不了多久人们就会意识到"Bancor"没有必要采用30种有代表性的商品作为定值基础。因为"Bancor"一旦被采用后，人们就会渐渐熟悉对"Bancor"的直接运用，不自觉地以"Bancor"作为单位来衡量所有国际商品及各国货币的价值，不再有人会想到"Bancor"背后所代表的30种有代表性的商品。

如果当年国际社会真的以30种有代表性的商品作为"Bancor"的定值基础，"Bancor"将不得不随着30种有代表性商品的市场供求变化而浮动，反倒把事情搞得复杂了。如果在"Bancor"的使用中，人们真的淡忘了"Bancor"是以30种有代表性的商品作为定值基础的，并彻底抛弃了这个定值基础，这时的"Bancor"也就演变成一个纯粹的计量单位，不受商品供求关系的影响，"Bancor"必然就会成为一种相对不变的价值尺度。

距离现在最近的例子就是欧元，欧元问世的过程最好地证实了这一推测。无论欧元最初是如何定义的，现在的欧元作为价值尺度已经是一个独立的计量单位了。就像今天的美元、欧元或人民币，几乎没有人每时每刻都确切地知道一美元、一欧元或一元最初的定义到底是什么，但是，这不会影响到美元、欧元或人民币作为货币单位来衡量商品的价格。市场上的每个人都会衡量各种商品以某种货币单位标注的价格。

人们使用货币作为价值尺度，实际上是在使用一种依托货币而存在于人们心中的人造单位。货币集五种功能于一身，在本地市场上有其便利性，当今国际货币只是简单沿用了本地货币的应用是历史自然形成的。在国际市场上，实际承担货币功能的，除国际货币外还有本地货币。这样看来，国际货币的价值尺度功能相对于其他功能具有其独立性，且独立之后会给国际交易带来更多便利。

今天，如果人们重新规定一种全新的国际货币价格尺度（International Money Price Measure，IMPM），它的单位比如说是U。可以借用某一时间点的美元价格作为U的价格，在有了定义之后，U就再也不受美元的影响了，反之，美元、欧元及所有各国的货币将会以U作为计价标准。与凯恩斯定义的"Bancor"不同的是，IMPM的U仅是一个计算外汇兑率用的国际标准计量单位，仅作为价值尺度，仅是一个符号。IMPM不是货币，也不需要与之绑定的代表性商品的价格支撑。U类似于小时、公尺或公斤，但与之不同的是U没有一个实在的定义或标准存在于世界的某个确定地点，U 只存在于每个进行国际交易的人的心里。因为 U 计量的是人们自己内心对于市场价格的感知，U 类似于现行的一美元、一欧元或一元等各种货币单位，不同的是，U 不会随着任何货币发行数量的变化而变化。在外汇市场上 IMPM 永不变动，而只有世界各国的货币相对 IMPM 上下浮动。IMPM 一旦实现，将会是所有国际货币的锚，也会是国际市场的"定海神针"。

IMPM 不是货币，无须信用机构发行和担保，不存在任何国家主权的问题。有了 IMPM 的存在，各国货币在国际市场上的波动更加显而易见，更加易于计算，各国央行为维护本国货币的稳定，会更加谨慎对待货币发行，这也可以促使各国央行加强本国货币的控制。

这里举两个例子作为说明。

假设 A 和 B 两个国家都有自己的货币，分别是 AM 和 BM，它们对于 IMPM 都有自己的市场价格，假定：1AM=2U 和 1BM=3U。假如 A、B 两国正在进行一项交易，A 国要买 B 国的大米。依据外汇市场上两国各自货币的 IMPM 汇率和本国大米的本币市场行情，交易双方很容易计算出大米在两国之间的差价，签订以 IMPM 为价格的合同。例如：每公斤大米价格是 1U，交易 3 百万公斤大米，合同额共计 3 百万 U，并约定 A 国在半年内用 AM 按合同签订的 IMPM 总价支付 B 国。如果到支付期时 A 国货币 AM 的币值保持不变，A 国应付给 B 国 1.5 百万 AM。如果在半年内 A 国的货币贬值到 1AM=1.5U，不难换算，A 国在到支付期时，应付 2 百万 AM 给 B 国。在这个例子中，IMPM 规避了 B 国在外贸中采用外汇的兑率风险。

再一个例子是，假设 A、B 和 C 三个国家都有自己的货币，分别是 AM、BM 和 CM，它们对于 IMPM 都有自己的市场价格，假定：1AM=2U，1BM=3U 和 1CM=1U，且 CM 是国际货币。如果 A 国要向 B 国借 C 国的货币 CM 10 亿 U，5 年后到期时，无论三国的货币贬值还是升值，A 国仍然是要归还 10 亿 U 的 C 国货币 CM 给 B 国。在这个例子中看似没有用到 IMPM，实际上，合同是以 IMPM 为单位签订的，这样就可以规避五年内 C 国货币升贬的风险。另外，到了还款期 A 国很可能没有足够的 CM，那时 A 国就只能到外汇交易市场上去购买 CM，这时还会涉及 AM 在外汇市场上的 IMPM 标价，如果 AM 贬值了，A 国只有花费更多的 AM 在市场上购买 CM 去还款了，这些都要用到 IMPM。在这个例子中，IMPM 规避了 A、B 两国在国际借贷中采用 CM 外汇的兑率风险，降低了对于国际货币 CM 的信用要求。

5. 采用 IMPM 的好处

全新的国际货币体系可由国际货币价格尺度（IMPM）、各国本国货币及外汇交易市场共同构成。采用这样的超主权国际货币体系具有如下好处：

（1）IMPM 的单位恒定不变，方便外贸和外汇市场交易的兑率计算，大幅简化世界经济统计工作，IMPM 计价的外贸交易和国际借贷不存在任何兑率变动的风险。

（2）有了 IMPM 再加上现在的信息网络体系，世界将最大限度地减少对于国际储备货币的使用量和持有时间，更广泛存在的将是国家与国家、银行与银行或者公司与公司之间以

IMPM 计价的债权与债务合同。如果得到国际清算银行（Bank for International Settlements，BIS）或环球银行金融电信学会（Society for Worldwide Interbank Financial Telecommunication，SWIFT）的支持，在国际上利用 IMPM 记账，世界各国将不再需要任何国际储备货币。如今有了区块链技术的支持，IMPM 或许就更容易实现了。

（3）IMPM 只是国际货币价值符号不是货币，没有价值浮动，无须具有信誉的专门机构来发行和担保，不涉及任何发行国家，没有主权问题。

（4）IMPM 的价值尺度不会依赖于任何主权国家的货币，每个主权国家的货币与其他国家的货币的相关性更少。各国为了维护本国货币的世界地位会全力维持本币的稳定，很难会再发生为了自身的利益控制和操纵国际货币获利的事情。

（5）IMPM 降低了国际贸易对外汇的要求，国际储备货币被分散为众多种类的各国货币，美国可借此摆脱特里芬悖论的困扰，使美元集中准确反映美国经济及其自身的对外贸易。

（6）若以 IMPM 标价国际大宗商品，可避免由于国际货币自身波动给世界各国带来的输入性通胀或通缩。

国际货币价值尺度的实现对于全球外贸的好处显而易见，又不必具有信誉的专门机构来发行和担保，更无须哪个国家或者机构同意，只要有人去循序引导推进，这一体系会逐渐形成，超主权国际货币体系的实现需要一个平和的渐进过程，有市场各方的合力推动，一个合理、平衡与平等的超主权国际货币体系有望出现。

第四章

现有货币与价格学说的缺陷

现有的经济学认为自然资源、劳动和资本是社会生产的三大基本要素；人们需要的数量远远高于社会所能提供的数量，物品是稀缺的；社会应该最有效率地使用资源，以满足人类的愿望和需要；市场体系用利润和亏损引导企业有效率地生产出符合需要的产品；市场价格可以起到有效的供需信息传递和供需调节的作用，价格下降将导致需求量增加供应量减少，价格上升将导致供给量增加需求量减少。

亚当·斯密发现市场和分工的结合对生产力的发展起到了巨大的推进作用。他认为市场使得每个人在追求自己利益的情况下，有效地促进社会利益的发展，这就是他所谓的那只"看不见的手"。但他所处的年代太早，无法看到市场在给社会带来巨大利益的同时，还存在着一些缺陷，这些缺陷的发展会越来越严重地阻碍经济的发展，甚至将人类引向歧途。

萨伊认为供给会创造它自己的需求。但他没想到，市场也从易物交换发展到使用货币进行交换后，由于货币具有媒介和储藏的缓冲作用，更由于货币向富人的集中，供应与需求的关系变得复杂了很多，正是这种复杂关系的存在与发展，才造成了市场上经济波动的不可避免。

李嘉图提出的比较利益说认为：如果各国专门生产和出口本国生产成本相对低的产品，或进口本国生产成本相对高的产品，就会从外贸中获利。但是，他忽略了出口是挣钱的生意，是有盈利的，进口是花钱的生意是给对方提供盈利的。此外更严重的是各国实际的进出口贸易的数量差距，对各国经济可能发生重要的影响。

瓦尔拉斯认为市场的均衡是稳定的均衡，一旦处于非均衡状态时，市场的力量会自动地调整到一个新的均衡状态。他的想象太过理想，忽略了有货币参与的现实市场存在的各种时滞、粘性或信息不对称等诸多严重影响市场的重要因素，没看到市场上卖者受限于已经支出的成本，买者受限于手里拥有的货币，没有想到货币流向富人会影响商品的市场扩散，完全无视现实中的市场波动。

马歇尔用边际效用增减的观念来观察市场，他发现商品的市场需求量跟随价格变化的规律，价格下降需求量增加，价格上升需求量减少。他认为商品的市场供给也跟随价格变化，价格下降供给量减少，价格上升供给量增加。他据此提出了经济学中的需求与供给理论，他用下降的需求曲线和上升的供给曲线，描述价格变化对需求量和供给量的影响。他的市场需求理论的确正确地反映了市场的规律，但是他的供给理论却存在着很大偏差，不能完全符合市场的实际情况。

凯恩斯的理论可以部分解释经济衰退和萧条的发生原因，他认为收入增加时，储蓄的增长多于消费的增长，这就会造成需求缺乏，影响经济发展。社会的就业量取决于社会有效需求，也就是消费需求（消费支出）和投资需求（投资支出），而社会有效需求主要取决于消费倾向、流动偏好、资本边际效率三大基本因素以及货币数量。但是，在现代社会中，货币的根基已从金本位变成了国家信用，银行卡已经普遍应用，人们把手中绝大多数的货币都放在银行里，而银行会把所有的储蓄都数倍地变成投资（贷款），那么凯恩斯假设的有些前提就已经发生了变化。他错把富人的消费倾向递减当成了全社会的现象，他没有看到影响经济发展的更深层次的原因，是金钱向着富人集中造成了资本边际效率递减，影响了市场的扩大，导致经济发展陷于停顿。此外，他更为重视金融对经济发展的影响，忽略了实体产业兴衰给经济带来的严重影响。

熊彼特揭示了创新是推动经济发展的最主要动力。但是，他没有看到，创新同时也给社会经济发展带来了很多难以解决的问题。他描述了经济周期"四阶段论"的现实模式，既在市场经济运行中存在着"繁荣""衰退""萧条"和"复苏"四个阶段。他讲述了存货可以造成衰退，但没有解释清楚市场为什么会形成存货。

哈耶克主张价格机制可以用来解决市场的复杂难题，认为人为创造的繁荣必定导致萧条。他过分相信市场的力量，忽视了市场波动本身就是市场规律的体现，远在政府知道自己也可以干预市场之前，市场波动就早已存在很久了。

弗里德曼认为货币需求函数是一个稳定的函数，意指人们经常自愿在身边平均储存的货币数量，与决定它的为数不多的几个自变量之间，存在着一种稳定的并且可以借助统计方法加以估算的函数关系。他代表的货币学派，揭示了经济发展在特定阶段和特定地域中，市场对货币的平均需求问题，但他没有考虑到货币向少数富人集中的问题。影响市场对货币需求的因素，实际上不仅限于市场对于货币的平均整体需求，还需要考虑货币的社会分布问题。

科斯开创的制度经济学，探讨了产权制度、市场边界、社会成本和交易成本。但是，他没有探讨市场的缺陷，带给市场经济发展的限制问题。

索洛指出技术进步是经济发展的真正动力。他的经济增长模型可以解释经济周期中经济复苏和繁荣阶段的部分现象，但是无法解释经济为什么会衰退和萧条。他注重生产力提升对经济的推动作用，却忽略了消费、投资与产业的互动，对于市场经济发展的重要作用。

卢卡斯的理性预期理论认为人们在经济活动中，根据过去价格变化的资料，在进入市场之前就对价格做出预期，这样他们的决策是有根据的。但是，他没有看到市场投资的隐蔽性，预期手段自身的局限性、机械性和不确定性。卢卡斯创立的货币经济周期学派认为，经济本身是稳定的，产出波动是外生货币冲击造成的结果。在完全信息条件下，产出与通货膨胀之间没有关系。但是，他没有看到货币向富人流动造成市场上具有购买力的需求不足。

还有很多的经济学家近几十年来，聚焦在很小的目标上玩弄数学模型争夺诺贝尔奖。直到现在人们对于经济活动中最大的问题——商业周期的原因，还没有一个统一的认识，对于如何应对商业周期没有一个统一的认识，对市场经济的整体框架和运行规律也没有一个统一的认识。即没有人知道经济发展的目标是什么，应该出现什么结果，也没有人知道在现有经济理论之中还缺什么，哪些现有的理论存在什么缺点。

（一）外贸理论

李嘉图在1817年出版的《政治经济学及赋税原理》一书中提出的比较利益说，为国际贸易提供了难以动摇的理论基础。李嘉图分析了两个地区两种产品的特点，揭示了外贸的比较优势原则。比较优势理论认为，如果各国专门生产和出口其生产成本相对低的产品，就会从贸易中获利；如果各国进口自己生产成本相对高的产品，就会从贸易中获利。后来俄林的国际贸易理论，不过是把李嘉图理论中的劳动时间转换成了生产要素，而克鲁格曼的国际贸易理论，也只是把李嘉图理论中不同产业间的交换，转变成了同一产业内不同类产品间的交换而已。但是他们的理论，忽略了一个很重要的数量问题。也就是说某个国家尽其所能，能够产出的优势产品的数量问题；或是其他国家尽他们所能，能够进口的该国优势产品的数量问题。贸易平衡来自买卖各方交易的全部商品的总价的进出平衡，这一平衡不仅决定于有无可供出口的优势产品，和对于国外优势产品的进口需求，还决定于国际交易的各参与方优势产品实际进出口的交易数量，离开了数量的平衡必然使得国际间的债权债务的差距日益加大。

简单举例说明：假定某个国家每年需要进口国外各种优势产品的总价值为1000万元，如果该国具有优势的产品无论限于自己国家的产能或是国际市场的需求，每年最多仅能出口500万元。在这种情况下，按照比较优势理论进行外贸交易，其结果必然是该国每年形成贸易逆差500万元，这显然是不可持续的状态。

在市场上一般来说，挣钱是赚取利润，花钱是向对方贡献利润。在外贸理论中长期忽略了这一点，出口是会赚取利润，否则出口就不会发生，一个国家出口越多获利越多。相反，进口是使对方赚取利润，进口越多需用的外汇就越多。如果一个国家出口远大于进口，它就会赚取很多外汇，获得很多利润，越来越富裕，本国就业机会也会得到扩展，进而提高国内的市场购买力；如果进口远大于出口，它就会债台高筑越来越贫穷，本国就业机会也会受到压缩，进而降低国内的市场购买力。在这个方面，国家和家庭是类似的，多劳多得，不劳无获，出口就是挣钱，进口就是花钱，挣钱和花钱必须平衡，多花少挣过量失衡，必然越来越穷，终将发生危机。

在今天这样一个普遍供大于求的市场环境下，出口的好处还在于公司的老板可以获得国外的市场，某种程度上摆脱国内购买能力对市场的限制，利用国外市场赚取更多利润。进口真正的不利之处，就是压缩了本国同类产品的市场空间，压缩了就业数量，加剧了国内的市场竞争。进口的这个不利之处，在本国没有同类产品的情况下是不存在的。在这种情况下，进口会弥补国内商品的品类不足。但是，如果某个发展中国家刚刚开始发展某个产业，市场的过度开放会导致本国刚诞生的脆弱产业，直接面对国际先进对手的竞争，这样很可能将本国的新兴产业扼杀在摇篮之中。许多发展中国家的外贸就是处于这种状态，他们过多地开放外贸关税必将形成外贸逆差激增，同时外贸将冲垮本国的许多产业。这里的分析至少说明外贸比较优势理论存在应用的边界条件，不能盲目夸大其作用与效益。1994 年爆发的墨西哥金融危机和 1997 年爆发的亚洲金融危机都有这方面的原因。

在外贸领域中，外汇兑换存在的问题更严重。在 1971 年布雷顿森林体系崩溃之前的外汇理论，都是基于金本位基础之上，当黄金不再作为国际间结算依据之后，外汇兑换究竟应该以什么为原则？什么样的外汇兑率才更加公平？这些变化和问题没有得到人们的重视，更没有得到解决。

世界各国外贸平衡，各国的外贸与内贸相互匹配，各国的国内经济发展，全球资源最佳配置，全球经济发展，或全球经济平衡，究竟什么应该成为外汇兑换的最高原则？

在国际自由贸易的前提下，以自由兑换为原则的外汇兑换的最终结果，必将导致国家间的贸易只剩下三种。一种是纯资源型贸易，如：中东国家出口石油，巴西和澳大利亚出口铁矿砂，等等，对于资源型外贸，由于别的国家没有这类资源或是开采价值太低，不得不从国外进口。另一种是恒定的市场垄断贸易，如美国的波音飞机、瑞士的手表、美国吉列的剃须刀，等等。对于市场垄断型贸易，正如克鲁格曼所说，规模经济是国际贸易产生的原因。正是因为这类产品是依靠规模经济形成的世界市场垄断很难打破。还有一种就是技术垄断，比如微软公司的视窗操作系统和英特尔公司的微处理器，这类垄断虽然长期来看终将被打破，但在一段时间内（可能是几十年）这种垄断是稳定的。在世界经济发展中的当下，还有一种临时性的外贸，这就是以本国相对质优价廉的劳动力资源来支撑的外贸，中国在改革开放的 40 多年中，主要是依靠这个因素来支持了其外贸的高速发展。

外汇的自由兑换，主要依据进口总量和出口总量来决定一国货币的价格，外汇的自由兑换将使出口较多进口较少的国家的货币升值，导致其出口下降进口增加；使出口较少进口较多的国家的货币贬值，导致其出口增加进口下降。

外汇自由兑换有利于调整一国的进出口平衡，但是不利于全球资源的最佳配置。外汇自由兑换将迫使原本具有出口优势的国家降低出口数量，使原本出口优势不足的国家提升出口数量。这将使李嘉图等人描述的外贸带给贸易参与国的利益被大大削减。此外，外汇的自由兑换，还依据各国的国内外债务水平、货币发行状况和经济运行趋势，以及本国的其他经济状况。

在外贸领域中问题最大者当属国际货币体系。目前的国际货币体系，是由布雷顿森林体系演变而来的，布雷顿森林体系实质上仍然是金本位的货币体系。1971 年布雷顿森林体系崩溃之后，美元已不能兑换黄金，但是以美元计价与结算的国际货币体系却保留了下来。

现在问题来了。货币印制成本很低，货币所标价之商品的生产成本很高。世界各国都在用很高成本生产出来的商品，去交换制作成本很低的美元作为本国的外汇储备。而美国在全球化的大潮当中，把国内的制造业都尽可能地转移到发展中国家去了，美国只要依靠强大的军事力量，专心制作美元就万事大吉了。到了如今的互联网时代，甚至连纸币都不需要印制了，只需在银行的计算机里记录几个比特的字符，就可以完成交易。这难道就是所谓公平的全球贸易？

（二）马歇尔的供需理论

著名经济学家马歇尔提出了经济学中的需求与供给理论，他用下降的需求曲线和上升的供给曲线，分析了价格变化对需求量和供给量的影响。马歇尔在他的《经济学原理》中，用当时当地市场谷物交易的例子，引出了他对价格、需求量与供给量关系的分析。下表是他在书中所举例子的交易数据：

价格	卖主愿意卖出的量	买主愿意买入的量
37 先令	1000 夸脱	600 夸脱
36 先令	700 夸脱	700 夸脱
35 先令	600 夸脱	900 夸脱

表中是他列举对应不同价格，卖主愿意卖出谷物的量和买主愿意买入谷物的量。他认为买卖双方在 36 先令的价格下趋于一致，"36 先令这一价格堪称真正的均衡价格"。

由这个市场均衡价格的概念延伸开来，马歇尔引出了上升的供给曲线和下降的需求曲线。虽然他曾指出供给曲线可能是上升的、下降的或有升有降的，但是由他发展而来的现代的经济学认为，作为因变量的供给量和需求量都是自变量价格的函数，且认为供给曲线似乎只是上升的，价格越高供给量越大。

1. 价格决定或利润决定

马歇尔的需求曲线正确地反映了市场需求跟随价格变化的

规律，因为市场价格对于需求量有着最直接的决定作用。对于案例中的三种价格，他设定买主选择了三种不同的买入量，这符合实际市场的情况。在这样的情况下，卖主实际上只能依据自己的成本和买主对于各个价格的需求量，选择相应价格下的供给量，以获得更高的利润。

按照马歇尔的假设，市场买主在37、36、35先令三种价格下，分别可能发生的600、700、900夸脱购买量，就是当地市场的全部谷物需求量。但是，他所设定卖主对于三种价格选择的三种不同的卖出量（1000、700、600夸脱）并非市场一般的供给可能，只能说明卖主至少拥有1000夸脱可用于出售的谷物。没有哪个卖主会放着更多利润不赚，而仅赚取相对较低的利润，这不符合市场是由经济人组成的基本假设。马歇尔在他对市场的考察中没有涉及成本问题，如果我们把成本因素引入他的例子，情况将有很大变化。下面先仅就他的例子，分几种情况进行讨论：

情况1：各批量成本相同

为了更全面地观察，这里假设卖主承受的成本有三种可能，成本1（34先令）、成本2（30先令）或成本3（26先令），按照这样的假设对应不同的销量，卖主可能会产生利润1、利润2或利润3，三组可能的利润，如下表所示。

编号	价格	买量	成本1	利润1	成本2	利润2	成本3	利润3
1	37	600	34	1800	30	4200	26	6600
2	36	700	34	1400	30	4200	26	7000
3	35	900	34	900	30	4500	26	8100

如果卖主的成本是成本 1，当卖出量分别为 600、700、900 夸脱时，利润 1 分别为 1800、1400、900 先令。这时卖主的选择自然是价格 37 先令，卖出 600 夸脱谷物，获得利润 1800 先令利润，另外手中还保有 400 夸脱的谷物。

如果卖主的成本是成本 2，当卖出量分别为 600、700、900 夸脱时，利润 2 分别为 4200、4200、4500 先令。这时卖主的选择自然是价格 35 先令，卖出 900 夸脱谷物，获得利润 4500 先令利润，另外手中还保有 100 夸脱的谷物。

如果卖主的成本是成本 3，当卖出量分别为 600、700、900 夸脱时，利润 3 分别为 6600、7000、8100 先令，这时卖主的选择自然是价格 35 先令，卖出 900 夸脱谷物，获得利 8100 先令利润，另外手中还保有 100 夸脱的谷物。

在这高、中、低三种成本状态下，卖主很显然都会依据获利最高的状况选择供给量，由此大家已经很容易分辨出，卖主的供给量应该是由价格还是由利润来决定了。

情况 2：批量越大成本越低

如果考虑到在不同批量下，成本可能存在差异，按照原先交易价格的阶梯量差与批量越大成本越低（符合现代市场状况）来考虑，这里假设卖主有可能承受着三种不同的组合成本之一，成本 1（36、35、34 先令）、成本 2（32、31、30 先令）或成本 3（28、27、26 先令），按照这样的假设，对应于不同的销量，卖主可能会产生利润 1、利润 2 或利润 3，三组可能的利润，如下表所示。

编号	价格	买量	成本1	利润1	成本2	利润2	成本3	利润3
1	37	600	36	600	32	3000	28	5400
2	36	700	35	700	31	3500	27	6300
3	35	900	34	900	30	4500	26	8100

在每组批量越大成本越低的假设下，卖方自然都会选择35先令价格下的900夸脱销量，低价多销获得较高的利润。

情况3：批量越大成本越高

如果考虑到在不同批量下，成本可能存在差异，按照原先交易价格的阶梯量差与批量越大成本越高（按照马歇尔的隐含意思）来考虑，这里假设卖主有可能承受着三种不同的组合成本之一，成本1（32、33、34先令）、成本2（26、27、28先令）、成本3（20、21、22先令），按照这样的假设，对应不同的销量，卖主可能会产生利润1、利润2或利润3，三组可能的利润，如下表所示。

编号	价格	买量	成本1	利润1	成本2	利润2	成本3	利润3
1	37	600	32	3000	26	6600	20	10200
2	36	700	33	2100	27	6300	21	10500
3	35	900	34	900	28	6300	22	11700

在成本较高或中等（成本1或成本2）时，卖主会选择高价（37先令）少销（600夸脱），获得较高的利润（3000或6600先令）；在成本较低时（成本3）卖主会选择低价（35先令）多销（900夸脱），获得较高的利润（11700先令）。即使在批量越大成本越高的情况下，卖主同样是会用利润来决定销量，

而不是用价格来决定销量。

在这里，情况2反映了现代市场商品是卖主专为市场销售而生产商品的情况，情况3反映出卖主为了出售谷物换回其他商品，节省或牺牲自己的消费谷物的情况。二者的差别就在于，一个专为市场销售而生产，专业化大批量高效生产，商品除了销售别无出路；另一个为了换回其他有用物品而省吃俭用，销售剩余用于卖主自己消费。

在古老的年代，为了换回其它商品，节省或牺牲自己的消费，节省越多牺牲越大，相当于成本越高，只有在高价的吸引下，卖主才愿意做出更多的牺牲。即使如此，情况2和3同样展示了，卖主会依据利润，而不会依据价格来决定销量。

在现代市场上，卖主专为市场销售而生产商品，当然谋求更多供给量，一般销量越大，成本越低，利润也越高。批量越大、价格越低的现象在市场上很常见，否则就不会有经济发展的可能了。今天的市场上经常可以看到，四元钱一斤的苹果，一次性买三斤时，只要付十元钱。这样的买卖在市场上司空见惯，这种普遍的市场现象与宣称价格越高供应量越大的供给理论截然相反。

还需要注意的是，虽然微观经济学研究的是单个经济单位，如个人、家庭、厂商等，但不是某个经济单位。也就是说，这里的单个经济单位必须具备代表性，必须具备宏观统计的普遍意义，否则也就不具备微观经济学的意义了。

若进一步假设，如果依据价格37、36、35先令，600、700、900夸脱不是市场买主可能发生的全部需求量，而只是当天或本次交易买主的需求量，卖主以后还有卖出谷物的机会，且卖主手中只拥有马歇尔案例所列出的 1000 夸脱谷物，也是市场最大的供给量。那么卖主本次将只会以最高价格出售谷物，手中剩余的谷物以后无论以三种价格中的任一价格出售，卖主都会获得更大的利润。

再进一步假设，如果卖主手中的谷物不只是马歇尔案例所列出的 1000 夸脱，他随时可以从其他地方购入更多的谷物，供给本地市场需求。在这种情况下，卖主只会以利润来考虑买卖，无论市场价格的高低，只要买、卖之间有利润可图，卖主就会进行交易；如果无利可图，无论价格多高，他都不会再做这类生意。

2. 突出竞争环境

在马歇尔的案例和上边的分析中，似乎只有买卖双方之间的市场博弈，并没有体现出卖者之间的市场竞争，下面把卖者之间的市场竞争显现出来，再做进一步的分析。

如果在该市场上有 5 位卖主，各有 200 夸脱谷物想要出售，他们的成本都低于 35 先令。依据不同的价格 37、36、35 先令，市场的谷物需求总量依然分别是 600、700、900 夸脱。在此情况下，5 位卖主就都只能以 35 先令的价格，总共卖出 900 夸脱的谷物。

如果这 5 位卖主的成各本不相同，都略低于 35 先令。在他们各有 200 夸脱谷物，且都坚持一个同样的确定单位利润的情况下，只有成本最低的卖主首先卖光自己的谷物，其他卖主才能按照各家的成本依次开始销售，成本最高的卖主最后卖出谷物且剩余 100 夸脱谷物。如果他们都必须有利润，但不坚持利润相同，5 位卖主都只会以 35 先令的价格，总共卖出 900 夸脱的谷物，结果是他们的利润各不相同。

如果再进一步，假设所有的卖主不仅各自拥有 200 夸脱谷物，他们各自都有源源不断的货源，在所有卖主中，只有成本最低的卖主能以其他卖主无法接受的最低利润销售谷物，其他卖主就只有被挤出市场去了。

在有竞争的情况下，价格反映了买主的购买能力，卖主的供给量更主要是依据自己的成本和利润。亏本的买卖没人愿意去做，真的做亏了是他不善经营的失败，失败从反面证明了不可以不计成本，不可以不按照利润进行经营。

3. 经济学的问题所在

市场经济底层的基础依据是经济人（理性人），市场得以存在和发展的根本就是每个人为了自己的利益而奋斗努力，市场通过每个人的利己行为，带动了社会经济的发展，这就是亚当·斯密所谓的看不见的手。市场供给的根本动力就是获取利润，市场中的每个人进行生产与销售的唯一目的就是获得利润。除此之外，再也找不出任何为市场提供商品供给的理由了。

20 世纪 70 年代发生在美国的滞胀危机就是最好的说明，那时因为石油危机导致各产业成本大幅上升，企业失去利润因而减少供给，所以才有通胀与失业同时上升。政府减税可以拉动经济从一个方面说明，减税降低了企业成本，利润上升促使供给增加。

在市场上卖主希望价格越高越好，买主希望价格越低越好，并不存在独立的需求价格和独立的供给价格。买卖双方都受到自己和对方的所能承受价格压力的挤压，卖主降低价格受限于自己已支出的成本，买主接受价格受限于自己已挣到的金钱，只有在双方都认为价格可以接受时才会形成交易。在交易中卖主不可能不考虑成本和利润，不然卖主也就不存在了。买主必须考虑有多少货币可以用来购买此物及其数量，世上很有钱的人数毕竟很少，所以价格越低，买主越多买量越大。

马歇尔的需求曲线正确地反映了市场状况。但他的问题在于错误地认为与价格可以决定需求量相似，价格也可以单独决定供给量。他混淆了节省换物与专为市场生产，这两种在当时混存的供给状况。他忽略了在市场的价格下，成本和利润对于供给量的直接作用。更重要的是，他忽略了市场竞争的强力作用，以及由价格决定的需求对于供给的影响。这样，他才有了上升的供给曲线。需求曲线反映了价格升或降必有需求量减或增的客观经济规律，供给曲线却没有这样的客观规律作为基础。马歇尔对供给理论所假定的只有价格变动其他不变，事实上根本就不存在，也不可能存在。在市场供需具有价格弹性的竞争中，价格下降需求量必定增加，和价格上升需求量必定减少的确定关系之下，在价格上升时，供给量因需求量的减少而不可能增加；在价格下降时，供给量因需求量的增加才可能增加。在现实当中也正如前述，几乎所有商品市场的大幅扩张都是伴随降价发生的，而不是价格越高供应量越大。真实经济周期学派关于价格水平是逆周期性的实证结果，可以宏观支持这里的观念。

供给量事实上不是价格的函数，恰恰相反，价格事实上是供给量的函数。在社会收入（经济）相对稳定的情况下，价格是供给量的函数，供给量减少价格必然上升，供给量增加价格必然下降。现在供给量的增加更多的是因为新技术或新业务模式所导致的成本下降和价格下降。这样的描述至少比现在经济学所表述的更准确许多。攻击者总说凯恩斯理论没有微观基础，其实错不在凯恩斯，是微观经济理论出了差错。

宏观上看价格反映了供求的平衡，价格下降反映出供大于求，价格上升反映出供小于求。但应注意的是，这个关系是供求关系，而不是单一的需求或供应与价格的关系。真正决定价格的因素，是社会各阶层的收入水平和各类产品成本水平的组合状况。在社会收入和产品成本相对稳定、增加或减少的各种情况下，价格变化反应的需求或供应相对于价格的关系是不一样的。真正注意和把握这一点，对于宏观经济分析非常重要。

现代的经济学继承了马歇尔的供给量是价格之函数的错误观念，把自变量与因变量放在了相反的位置上，因果互换本末倒置。由于马歇尔的错误，更由于它对于经济学的根本性，使得经济学至今难以看清市场经济的真正面目。

现代的经济学还忽略了马歇尔曾指出的，供给曲线可能有上升的、下降的或有升有降的三种情况，片面强调了供给量会跟随价格的涨落而增减，上升的供给曲线在所有经济学者的头脑中造成了混乱的印象，对判断经济现象和走势形成了难以表述的严重影响。

在市场上存在着商品的价格、需求与供给，消费者的工资、就业与消费（需求），企业的成本、利润与销量（供给）。它们之间相互作用，关系一直非常模糊，尤其是商品的价格、需求与供给之间的关系最为混乱。准确分辨它们各自相互作用的主被动关系十分重要，只有厘清这些关系，才能看清市场经济的来龙去脉。

（三）凯恩斯理论

在市场经济高速发展的这几百年里，经济发展一直伴随着经济周期的困扰。但是，经济学一直没能很好地解释经济周期发生的原因，更没有很好的解决方案。经济周期是市场经济的伴随者，也是市场经济的基本问题，有时被其他因素加强，有时被其他因素削弱，基本问题的根源没找到。只解决干扰因素，不能最终解决问题，经济周期还是会发生。

凯恩斯经济学的理论，以解决就业问题为中心来解释经济周期，他认为社会的就业量取决于有效需求，也就是商品的总供给价格和总需求价格达到均衡时的总需求。他还认为，由消费需求和投资需求构成的有效需求，其大小主要取决于流动偏好、消费倾向、资本边际效率三大基本因素以及货币数量。

流动偏好，是指人们愿意用货币形式保持自己的收入或财富，这样一种心理因素，它决定了货币需求。凯恩斯认为，利率取决于流动偏好和货币数量，在一定的货币供应量下，人们对货币的流动偏好越强，利率就越高，而高利率将阻碍投资。

消费倾向，是指消费在收入中所占的比例，它决定消费需求。一般来说，随着收入的增加，消费的增加往往赶不上收入的增加，呈现出"边际消费倾向递减"的规律，于是会引起消费需求不足。

资本边际效率，是指增加一笔投资时，预期可得到的利润率一般来说，随着投资的增加，必然呈现出"资本边际效率递减"的规律。

在凯恩斯理论中，投资需求是由资本边际效率和利息率这两个因素的对比关系所决定。由于人们投资与否的前提条件是资本边际效率大于利率。当资本边际效率递减时，若利率能同比下降，才能保证投资不减，因此，利率就成为决定投资需求的关键因素。这样在资本边际效率递减和存在流动偏好两个因素的作用下，使得投资需求不足。而边际消费倾向递减，造成私人存款增加和消费需求不足。投资需求不足和消费需求不足将产生大量的失业，形成生产过剩的经济危机。心理上对资本未来收益的预期，即资本边际效率的作用，在三个基本心理因素中尤为重要，危机的主要原因就在于资本的边际效率突然崩溃。

凯恩斯发现的有效需求问题是宏观经济发展中的关键性问题。就业水平是由有效需求决定的，利率取决于流动偏好和货币数量，边际消费倾向递减和资本边际效率递减，这些都是当时他看到的市场经济的实际情况。

在现代社会中，几乎所有的企业家都把精力花在市场开拓上，相对而言，花在供应链上的精力要少很多，这说明市场经济的主要矛盾是需求不足，而不是供给不足，这也说明了凯恩斯的正确。然而，凯恩斯的经济理论仍然是经济的现象，不足以解决经济中存在的根本问题，真要解决经济存在的问题，就还需要透过这些现象，看到经济更深层次的本质规律。

凯恩斯所说的边际消费倾向递减，实际上只发生在富人一边，并没有发生在穷人一边，并非社会普遍现象。他错误地把资本边际效率递减的主要原因归于边际成本递增和预期收益下降，仅把利率看成决定投资需求的关键因素。从凯恩斯的那个时代到现在，流动偏好的作用已经发生了很大的变化。凯恩斯主义的学者们，更是错误地认为储蓄等于投资，把力气都花在了人为扩大需求和制造流动性泡沫上了。关于导致边际消费倾向递减、资本边际效率递减和流动偏好存在的原因，他解释不够彻底，由此导致了他的建议只能起到缓解经济衰退的作用，还导致了经济学界最近几十年无休无止的争议。实际上这几处都与富人和穷人的财富差别有关，这一差别的存在，也正是凯恩斯理论的缺陷所在。

市场经济若能持续发展就能造福人类，但现实是每当市场发展到了一定阶段就必定会出现衰退与萧条，这是必须被承认的事实。若能找到经济衰退的原因就有可能克服经济周期。凯恩斯在宏观经济发展中的三条规律正是宏观市场经济发展中的关键性问题之所在，但缺乏进一步的深入分析，或是分析存在问题，再或是现在经济的市场环境已经发生了改变。

1. 货币的社会结构

关于流动偏好凯恩斯认为，由于人们都有交易动机、谨慎动机和投机动机，所以存在流动偏好，利息是放弃流动性的报酬，利率决定于市场货币数量和流动偏好。然而，在凯恩斯之后世界金融体系已经发生了很大的变化。在金本位货币演变成国家信用货币之后，现代货币供应不必非要发掘难得的贵金属，货币增加由原来的贵金属补充，变成了货币印刷，使得货币供给的弹性发生了根本转变，这一转变使得货币不再是某个市场发展阶段的刚性约束。

当代银行卡的广泛应用，银行服务不断改进，工资直接发放到个人的银行账号，刷卡消费十分普及，金融交易都在网上完成。很少有人把大量的现金存放在家中，人们的绝大部分货币都储蓄在银行之中，人们的存款行为已经发生了很大的变化，存款利率已不再是吸引人们放弃流动性，并到银行存款的强大吸引力。银行的借贷行为功能强大，不仅可以将存款全部投入生产环节，更具有货币借贷数量的高倍放大作用。流动偏好对于投资或经济发展的约束作用已经很小。

一般社会上的储蓄按照用途可以被分为两种：一种储蓄是社会消费储蓄，这部分储蓄主要发生在社会中等收入及以下的阶层当中，时过不久即可转变为消费；还有一种储蓄是社会资本储蓄，这部分储蓄主要发生在富人群体之中，不会转变为消费，只会用于投资。

理论上讲，在理想情况下，社会上有多少存款，企业就有多少存货。富人手中握有的社会资本储蓄，无论通过自行投资，或者通过金融机构投资，只有形成投资，社会资本储蓄所代表的社会库存商品，才能最后实现其价值，否则就是社会剩余商品。社会资本储蓄形成投资后，变为新的生产能力，必将带来新一轮的扩大再生产，也将会产生出更多的商品，与此同时，扩大再生产还会带来就业的扩大，使更多的穷人挣到更多的钱，形成新的市场购买力。由于原来的社会资本储蓄本身就是这个社会消费的剩余，如今又生产出了更多新增的商品，新增的就业人口多是低收入者，显然无法消耗新增的商品，这就会形成更多的社会资本储蓄和相应更多的社会剩余商品。

2. 社会消费体系结构

关于边际消费倾向递减凯恩斯认为，随着收入的增加，消费的增加往往少于收入的增加，呈现出边际消费倾向递减的规律，于是引起社会的整体消费需求不足。凯恩斯没有解释为什么会发生边际消费倾向递减的现象，或是如何发生的。

在任意一个相对稳定的社会商品体系结构之下，存在着对应的社会消费体系结构。正如前文所述，边际消费倾向递减规律实际上反映的是在任意一个相对稳定的社会消费体系结构之中，发生在富人一边的情况。这一情况在这个时间段内，并没有发生在穷人一边。

消费需要可以分为有购买能力的需要，和没有购买能力的需要。没有需求也可以分为需要被满足之后的没有需求，和因没有购买力而无法满足需要的没有需求。需要只有在具有购买能力后才能形成市场需求。在富人当中，他们的需要是有购买力的市场需求，需要被满足得越多，边际消费倾向自然就递减越快。由于货币流向了富人，穷人有很多需要却缺少货币，穷人没有需求是因没有购买力，无法全部形成市场需求，在穷人一边的边际消费倾向递减自然就很轻微或不存在（伴随缺钱程度的不同而不同）。如果不对扩大再生产进行投资，从理论上看，这时人们手中握有的（或存在银行中的），无处可花的全部剩余货币，正好应该等于社会上没卖出去的全部剩余商品。

　　凯恩斯发现了问题的一半，他仅仅是从富人的层面来看待收入增加后的结果，且误将富人的状况当作了全社会的普遍状况。他忽视了问题的另一半，他没有区分富人与穷人的不同，没有看到货币流向少数富人，消费需要却在数量众多的穷人一边。富人有很多货币，但人数很少，没那么多需要；穷人的人数很多，需要很多，但货币很少，穷人的需要无法全部形成市场需求。由此也就打破了萨伊定律成立的前提条件。

　　自从工业革命以来，任何社会的经济发展都是一轮接着一轮的新产品问世所带动的经济提升，人们的生活水平也随着这些新产品的逐渐应用，而得到不断地提高。可以认为，在任何一个封闭的区域，每当一种或一批比较贵重的新型商品进入市场后，社会各行业就会形成一个新的商品体系结构，社会分工就会形成一个新的分配体系结构，社会各阶层都会各自形成一个新的消费体系结构，这些体系相对稳定，它们组合起来构成了该社会的整体经济结构。

　　当一个封闭的区域的社会经济，发展到了某个相对稳定的商品体系结构时，社会上所有的人对于当时市场上呈现出来的各种商品都有自己的需要，全社会的市场产销，按理说应该总体满足萨伊所说的"供给自创需求"。但是，在现实经济社会中，货币流向了富人，造成了缺少货币的大量穷人有很多需要却无法完全形成市场需求。

　　在这个社会商品体系结构存续期间，市场总是从扩张、平衡到衰退。在此体系存续期间，如果有新的技术可以较大幅度地提升效率降低成本，该时期经济的增长状况将会得到延续或改善。如果有其他比较贵重的新型商品进入市场，将会有繁荣叠加的效果出现。如果在此期间之后，仍没有比较贵重的更新型商品进入市场，这个封闭区域的经济必将由扩张、平衡进入衰退直至萧条。

当有新产品出现时，这个相对稳定的社会商品和消费体系结构被打破了，社会经济将达到下一个新的相对稳定的社会产品、分配和消费体系结构。在社会经济处于新的结构期间，边际消费倾向递减将在富人一边重新来过；穷人的消费也会在这个新的结构期间中随之提升，穷人这边依然还是很少有或不存在边际消费倾向递减；社会经济生活的提升，正是发生在这一次次的打破与再次重来之中。凯恩斯的边际消费倾向递减规律只是发生在富人这边的消费现象，而并非发生在全社会的普遍经济现象。

3. 资本边际效率递减的真实原因

关于资本边际效率递减凯恩斯认为，"在任何一个时期内，假如某种类型资本的投资增加，则该类型资本的边际效率将随着投资的增加而减少"。他认为引起资本边际效率递减的原因主要有两个：（1）该类资本的供给增加时，其预期收益将会下降；（2）投资的不断增加必然会引起资本品供给价格的上升，而资本品供给价格的上升意味着成本增加，从而会使投资的预期利润率下降。他认为第二个因素在短期内更为重要一些，时间一长第一类因素的重要性就开始突出了。实际上引起资本边际效率递减的第二个因素，在市场经济中的作用没有那么大，尤其在现代新兴产业资源消耗相对越来越少和投资以规模经济为单位增加的情况下更是如此。市场供给的增减并非价格的正向函数，仅取决于利润的高低或有无。无论在终端产品还是在初级产品或中间产品的市场上，情况都是一样的。

关于引起资本边际效率递减的第一个因素是如何形成的，凯恩斯没有细说。实际上市场的激烈竞争迫使任何产业链上的所有产品在产量或市场增加时，都只能走降价的道路。即使偶尔存在短暂的资本品供给价格的上升，也会很快被竞争扭转回来。市场经济的实践明白无误地告诉人们，无论是在产业链的哪个环节，市场经济的常态是相对的供大于求的经济。每一位公司经理日常都是为开拓市场发愁，而很少为供应链的供给量发愁，在市场上用户永远是上帝，供应链常常是受到后面的环节之挤压。实际上可以认为，凯恩斯所描绘的产量扩大带来的边际成本递增，并非资本边际效率递减的重要原因。

商品不断降价是市场扩大的唯一途径，这是发生资本边际效率递减现象的最主要原因。造成这一现象是因为在市场扩张期的产量大幅提升时，社会上最富裕的人群对于此类产品的需求已经基本得到满足，市场的继续扩大只有面向相对不那么富裕的人群才能展开，降价是市场扩大的唯一可依赖的措施。宏观价格水平的逆周期性，就是这里最好的解释。

在任何社会或区域之中，任何产品的产量增加和市场扩大的过程，都必然是该产品价格下降的过程。移动电话从1987年到2011年在中国的普及过程，或小汽车于20世纪前十年在美国的普及过程都很好地说明了这一点。这里列举贵重商品作为例子，不过是因为它们的市场表现看起来效果更加明显罢了，所有商品的市场扩大过程都是同样的，市场的扩展只能依靠降价这个利器才能实现。

整体来看，在任何社会产品和消费体系结构中，都是社会资本储蓄、投资、就业和产量不断增加，逼迫销售市场必须不断扩大，造成价格与利润不断下降，最终必然导致利润为零甚至为负。此时资本投入、就业扩充、价格下降与市场扩大必然停止，与此同时，社会上已经存在大量还未形成投资的社会资本储蓄，和与此等量的社会剩余产品，还有已经严重过剩的产能。

约翰·希克斯的 IS 曲线设定投资始终等于储蓄，错误地描绘了投资与储蓄的关系。这背离了凯恩斯关于资本边际效率递减会导致投资萎缩的理论，这一点是正统凯恩斯主义经济学家最严重的错误所在。

银行与所有金融业的存在，仅仅提供了将所有储蓄变为投资的可能性，但这并非必然性。凯恩斯所讲的边际效率递减所阻止的仅是投资的增长，并不会阻止储蓄的增长，尤其是现在更是如此。这就必然造成投资与储蓄在发展中发生数量上的偏离。希克斯的 IS 曲线认为投资恒等于储蓄恰恰是掩盖了这个最为重要的偏离。他的错误，导致凯恩斯主义学派偏离了可能发现经济衰退根本原因的道路。

经济的发展有赖于产品市场不断向相对缺钱的人群扩散，但是金钱向富人聚集阻碍了市场向穷人的扩散，限制了经济增长，引起经济波动。贫富不均原本只是作为社会公平问题存在，在这里贫富的差距实际上形成了经济增长的最主要障碍。富人的储蓄过剩和穷人的消费不足，使得经济从加强循环进入衰减循环，最终陷入停滞。金钱向富人集中得越快，经济循环的衰退越快，这就是经济进入衰退的根本原因。

4. 波动与调整

在社会分配体系结构不变的前提下，只有贵重新产品的诞生，经济效率的大幅提升，或通货膨胀，可以避免、减轻或缓解经济衰退。贵重新产品的出现将会带来新的社会产品体系架构，提升全社会的生活水平和经济水平。但是，贵重新产品的出现是可遇不可求的事件，且随着经济的发展将越来越稀罕。通货膨胀可以暂时刺激经济，起到缓解的作用，时间稍长，若无贵重新产品的诞生，或经济效率的大幅提升，经济还将陷入更严重的危机。

只要金钱流向富人，有需要的穷人必然缺钱无法形成市场需求，相对而言市场上就必定是需求稀缺与供给过剩，这是自然市场的常态。若无贵重新产品的出现，又无经济效率的大幅提升，也不发生通货膨胀，需求就会越来越稀缺，供给就会越来越过剩，经济发展就会逐渐进入衰退或萧条，这时就会有很多企业出现亏损或倒闭，这些亏损消耗了富人已赚到的闲置金钱，这些金钱转移到了相对较穷的人们那里，购买了这些闲置资金所代表的社会剩余商品，经济才能由此得到转机。

凯恩斯学派建议在衰退到来时采取扩张性的货币政策，降低利息率，采用赤字财政，扩大政府开支。他们的建议可以暂时刺激消费，缓解经济的衰退。在此期间若有贵重新产品的出现，或经济效率大幅提升，经济即可走出危机；在此期间若无贵重新产品的出现，或经济效率大幅提升，经济将会陷进更加深入的危机。这样的赤字政策如果可以扩大就业，使穷人挣到钱，对经济就有带动的效果，赤字可以在经济上升时再行消除，或还可以利用通货膨胀相对消减。

在固定的社会分配体系结构下，在没有新的价值较高的消费品问世，或没有效率大幅提高的前提下，这样的做法在短时间内可以在一定程度上缓解投资不兴的问题，但接下来仍是更多的资金向富人集中，其结果一定是更大程度的限制市场经济的发展，也为今后的发展埋下了更大的祸根。

凯恩斯的理论给政府提供了看似可以用来缓解危机的工具，这就造成了另一个社会效果，他的理论使得政府在经济危机到来时，无法袖手旁观。于是，政府在经济危机到来时，不得不出手干预，同时也不得不使用他给出那个时代唯一可用的理论。

实际上在经济衰退时，社会上并不缺少资金，只是企业没有利润，存款无法形成投资。央行采用扩张性的货币政策，降低利率可以降低企业成本，改善企业利润，带动投资，扩大就业，拉动消费，所以暂时有效。然而，若有与降息相伴的社会新增货币，却只有少量进入实体企业（包括互联网企业），更多的新增货币只会添加股市、债市及期货等金融市场的泡沫，加剧货币在金融市场的空转，制造通货膨胀，搞不好还可能引发金融危机。

政府利用赤字提供更多的购买，有可能扩大就业，却没有改变货币在贫富间分配的比例结构，只能暂时弥补由于投资不旺造成的购买力不足，以及由此形成的消费市场的需求不足，不能根本改变市场需求与供给的不匹配。政府提供更多货币的结果，最终也将会是更多的金钱聚集到富人的钱袋里。

由于在每一轮刺激带来的扩大再生产中，社会已有的分配形式和生活方式并未发生改变，既然原有社会能够产生社会消费剩余，在新一轮的扩大再生产中，新增的就业无法吸收全部新增的产品，产生新的更多社会消费剩余，再次形成新的社会资本储蓄和剩余商品的更大增加。如此循环往复，由于新增的就业总是无法吸收全部新增产品，其结果只能是产能越来越大，消费相对于产量越来越少。面对真实经济的衰退，凯恩斯学派的建议并不能改变社会中各层级人群分配金钱的比例，只能暂时缓解由于社会资本储蓄增加所造成的，资本与商品市场上的需求不足问题，社会资本储蓄还将继续增加，扭曲会更加严重。这样的措施实质上就是制造通货膨胀，借此来消减富人手中的财富，达到新的社会平衡。

在避免全面萧条的前提下，现在解决这一经济问题的途径就只有通货膨胀，不断地用通货膨胀降低人们手中握有金钱的实物价值，由于每个富人手中的金钱远多于每个穷人，通货膨胀起到了财富转移的作用，降低贫富差距才能使经济增长。这也是菲利普斯曲线得以形成的原因。

有人说由于富人的大部分金钱都投资于实业，所以通货膨胀不能使富人变穷。其实不然，社会上很多有钱人不是自办实业，而是食利者阶层，他们把钱放在金融投资者手中，再由金融投资者把钱投向实业。由于食利者阶层、金融投资者和自办实业者之间只是货币往来，货币贬值后食利者阶层掌握的货币的原有实际价值，被部分转移到了自办实业者和金融投资者的手中。通货膨胀实际上起到了财富转移的作用，这也是通货膨胀最重要的作用，但是，对于社会来说，通货膨胀严重破坏经济造成的代价太大了。

5. 应对经济衰退的建议

金钱流向了富人属于市场的根本规律，只要依靠市场来发展经济就无法避免。解决之道仅在于延缓或降低金钱聚集的程度，或消散已聚集到富人的财富，再或设法使已聚集到富人的财富反流向穷人，但又不能直接赠予，只能由政府设法进行社会财富的再分配了。

在未充分就业的情况下，政府有义务也有能力通过财政扩张来动员资源，投资修建公共基础设施、治理环境或开展培训等有利于今后经济发展或造福社会的项目，实现或助推充分就业，让穷人挣到钱。

要解决经济发生衰退的问题，就必须消解富人拥有的财富，现在来看通货膨胀不失为一个好的办法。但是，现在的通货膨胀存在一个致命的缺点，就是通货膨胀会导致全社会所有人的养老金损失原有价值，只要弥补了这一点，通货膨胀就只有消解富人拥有财富的作用了。而弥补养老金因通胀造成的损失，在去除了金本位的货币体系下并不困难，只要单独对养老金按通胀比例进行提升就能实现了。

为了延缓衰退到来还可以发挥信息化大数据的作用，及时准确收集各行各业发展信息，使全社会的投资者善于运用发展信息，就可以在很大程度上起到缓解作用。要做到这一点，经济学还需要建立一整套全新行之有效的社会经济评价指标体系。

在市场扩张的后期，鼓励私人投资者和机构投资者更多地将资本储蓄用于科技研发，既消耗了富人的社会资本储蓄，又增加了获得新产品的新机遇，从而提升全社会的经济生活水平。私人投资者和机构投资者应该学会掌握市场投资的这一周期规律及其所携带的信息特征。全社会应该提高对科技研发成功发财和失败赔本的接受程度。不过要以上一点作为基础才能做到。

经济的发展说到底是人的市场素质的发展，在经济衰退期之前，政府和企业可以加大各个层级人员的培训力度，这将是替代衰退期增加基础设施建设的有效方法。这样做是产业升级换代及创新的基本保证。因为没有大面积人员素质的提升，产业升级换代及创新就是一句空话。闲置的资金投在这里可以提高社会或企业的经济效率，拉动市场摆脱衰退。做到这一点的关键是培训的内容与水平，必须紧密适合社会或企业的下一步发展。

以往的经济学只注重对于产业的市场研究，很少有人注意到对于个人消费结构的研究。这种研究可以更好地使人看清在稳定的社会商品体系结构之下，各类市场当时当地发展的实际进程。社会各阶层对各种商品的需要以及满足程度，尤其是对房屋、汽车、家装、家具、家电、教育、医疗、旅游等高价值商品或服务的市场的需求。对于提前预防经济衰退，正确引导消费发展也许更加准确有效。

（四）熊彼特的商业周期

熊彼特归纳了前人关于商业周期的论述，指出在现代资本主义经济发展史中同时存在着三种商业周期的论点，分别为基钦周期、朱格拉周期和康德拉季耶夫周期，时间分别为 40 个月、10 年和 60 年。

首先是 3~4 年的短期波动，因经济学家约瑟夫·基钦最先发现该周期，熊彼特称为"基钦周期"，该周期是由于商业存货的变化而造成的。在销售扩张期存在成本上升趋势，企业为降低成本，使存货的增长超前于销售的增长，将扩张存货 1~2 年。但是当销售增长缓慢时，存货将在仓库中囤积。因而，企业将在一年左右的时间内削减产量以减少存货积压。当存货最终恢复到更适当的水平时，销售额回升，企业将再次寻求扩张存货。

第二个周期则关系到企业投资于新厂房和设备的变化。该周期持续 8~11 年，克莱门特·朱格拉首先发现了该周期，熊彼特称为"朱格拉周期"。人们通常所述的"经济周期"指的就是这种经济波动。熊彼特认为，由于企业希望扩张自己的固定资产并使其现代化，扩张将持续 4~5 年。但是当企业已经扩张和实现装备现代化后，将不再需要新的投资。因此接下来的 4~5 年中，在厂房与设备方面的支出将减少。经过这段时期，固定资产将过时或损耗，因此又转移到另一个 4~5 年的投资繁荣阶段。

最后是持续 45~60 年的长期周期，亦称"康德拉季耶夫"周期，俄国经济学家尼古拉·康德拉季耶夫最先注意到该周期，但不能解释其成因。熊彼特将发明与创新看成长期周期背后的驱动力。在经济增长缓慢时，企业不可能引进新的技术创新。因此，新的发明与创新将被积压几十年，当经济迅猛增长开始启动时，创新将被运用于生产过程，促使经济迅速增长。

熊彼特把资本主义经济发展分为三个长周期：（1）从 1780年到 1842 年的产业革命发展时期，其中纺织工业的"创新"在其中起了重要作用；（2）从 1842 年到 1897 年的蒸汽机和钢铁时代，其特征是以蒸汽机成为主要动力，机器化大生产得到普及；（3）从 1897 年到 20 世纪 50 年代的电气、化学和汽车工业时代。

从经典的经济观点来看，市场经济存在商业周期，分为复苏、繁荣、衰退和萧条四个阶段。

当复苏阶段刚到来时，由于刚刚经过了萧条的洗礼，企业与家庭的存货都消耗殆尽，大量旧产品已遭淘汰，新产品争相涌现，企业的效率高、商品成本低并且市场物价对投资具有吸引力。需求逐渐回暖拉动供应逐渐增加，由于企业的效率高且市场逐渐扩大，预期利润看好，投资与就业逐渐开始增多。

到了繁荣阶段，投资导致社会就业数量及市场需求大幅提高，市场购销两旺，供需相辅相成，市场扩大以及利润增多进一步引发更多的投资与就业，逐渐激烈的市场竞争在导致价格下降的同时，也会引导企业采用技术、管理、压榨采购等各种手段降低成本，保持甚至增加利润。价格下降带来了市场需求进一步扩大，供需仍处于良性循环。市场扩大会吸引投资继续进入，就业继续扩大，新进入者往往会采用更新的技术或管理，具有更低的成本。

到了衰退阶段，企业改进技术和降低成本的空间不断被压缩，投资使供应量日渐高涨。供应量高涨致使原材料资源供应紧张价格上涨，劳动市场上熟练劳动者日益稀缺，熟练劳动者的工资上涨，企业成本增加引发物价上升，物价上涨导致需求不振，市场渐渐出现供大于求，供应开始萎缩，就业停止增长。这时产能已超出需要，但由于产能增长惯性的存在，产能仍在继续增加，市场竞争越来越激烈。

到了萧条阶段，一方面成本压缩空间和降价空间受到限制，市场需求无法继续扩大；另一方面供应不断增加，供大于求带来库存越来越多。当库存达到一定程度时，许多企业开始限产，限产导致成本增加、部分职工失业，失业使得全社会职工收入下降，致使市场供需进入恶性循环，供需矛盾日渐紧张。企业亏损日益严重，一些企业开始倒闭，另一些企业开始大幅度裁员，造成大量失业，社会收入大幅下降，使得市场需求和供应急剧萎缩，供需之间的恶性循环使整个社会挣扎在痛苦的深渊之中。侥幸生存的企业在压力下拼命调整业务、开发新产品、压缩成本并提高效率，等待冬去春来。

这就是经典的经济学对经济波动的解释。但是，这些解释依然只是表面现象，无法说清楚的是市场需求在繁荣与衰退之间，为什么会突然发生需求增长的萎缩。虽说可能有原材料或劳动者成本上升，但上升的成本同时也必定扩大了社会需求，从宏观来看不应该发生需求萎缩。

现在经济学者对于经济周期的解释，也只是对其表面现象的总结描述，他们摆出了许多问题，却不知道什么是主要问题，不知道是哪些问题决定了经济的走向或转变。他们把边际消费倾向递减或投资边际效率递减作为一种规律提出来，却不明白这仅是现象，更没能正确深入分析产生这些现象的原因。

经济发展说到底就是消费的提升与扩散，提升是指对于每个家庭或个人消费水平的提升，扩散是指全社会的家庭或个人消费提升从少数富人向多数穷人的扩散。从宏观经济的整体发展历史来看，无论是区域经济还是世界经济的发展都源于两股力量，一股力量是由科技、管理和劳动者素质的提升推动经济增长，这股力量是动力；另一股力量是金钱向着富人的集中限制经济增长，这股力量是阻力。没有动力经济发展就变成了无源之水，没有阻力就不会有经济衰退和经济波动了。

金钱向着富人的集中才是经济周期发生的最根本原因。金钱向富人聚集加之他们的人数很少消费有限，使得社会存款大幅上升，社会存款代表了企业的存货，供过于求导致商品降价，利润消失，投资停滞。无论是边际消费倾向递减还是投资边际效率递减最终的重要原因概出于此。

每一轮市场复苏后，新的消费扩散重新开始。市场兴盛，企业利润丰厚，投资兴旺，就业增加，供需两旺。富人的储蓄与投资不断增加，供应也随之增加。由于市场进一步扩大只能面向相对缺钱的人群扩散，只有通过价格不断下降，市场才能逐渐扩大，这一点的实际体现就是价格的逆周期性。价格下降超过成本下降的速度，必然带来利润和投资的下降。此后，储蓄越来越多，投资越来越少，投资减少造成了储蓄剩余，储蓄剩余代表了社会商品的过剩，商品过剩越来越多，最终造成了经济的衰退和萧条。这才是市场经济危机发生的最根本原因。

科技、管理和劳动者素质的提升可以产生两种效果，一种是开发出更新的最终消费品，另一种是更多地提升生产力和生产效率。提升生产力有两种作用，一种作用是降低物质资源的消耗，另一种作用是节约劳动力，这两种作用的综合结果是降低成本，提升效率，为价格下降提供空间，由此可以扩大市场，发展经济，提高全社会的生活水平。

每当出现一种新的技术、管理或劳动者素质的提升，就可以把生产力提高到一个新的水平，社会可以有更多的剩余精力开创出更多的新产品或可以进一步降低成本。每当一种新产品上市，就重新开辟一个新的市场领域，从富人消费提升开始逐渐向穷人扩散，全社会消费提升的扩散；每当成本降低，市场竞争就会引导产品的价格下降，价格下降使市场扩散到更多的人群，市场扩大导致更多的利润收获与资本投资人，新投资带来产量大幅上升，同时带动就业增长，就业增长必然带动消费上升，市场进一步扩大。

按理说市场与就业可以形成不断相互加强的良性循环。但是，由于货币向富人集中阻止了产品向穷人扩散，每一轮由新产品带动的消费扩散，当其降价速度超过成本下降速度到了一定程度，若无技术更新，本轮扩散将逐渐减慢直至停止。正确理解了经济衰退，也就正确理解了经济周期。这里的投资上升同时也存在着另一个问题，就是盲目投资造成产能过剩。其根本原因还是金钱向富人聚集阻碍了市场的扩散，或就一定会是买方同时是卖方的情况。经济周期发生的地域范围与经济开放的范围相关，在经济紧密相关的范围内影响就大，在经济不在紧密相关的范围内影响就小。

科技创新的成果的作用不同，它所形成的产品的价值和生产力的提升也不同，一些成果带来的大提升可以在宏观层面上体现出来。宏观经济由无数产品市场的上升与下降叠加而成。

熊彼特在解释康德拉季耶夫周期时所描述的成果，都是在当时的特大成果，它可以带来当时经济的大幅发展，但由此引发的产能与产品过剩也是巨大的。从纺织工业时代到蒸汽机和钢铁时代，再到电力、汽车和化学工业时代，其中包含很多小的科技创新，只不过这些小的创新卷入大创新的浪潮中被淹没了。相对没那么巨大的一些创新，会给社会带来类似基钦周期或朱格拉周期这样的小周期。

经济周期的发生还和老产品与新产品交替相关，如果老产品的数量开始下降时，相同规模的新产品已经开始上市，经济过渡就会比较平稳；如果老产品下降后期，相同规模的新产品尚未开始上市，就会发生经济波动。波动大小与产品的产值规模相关。

在市场起步的早期，产业的种类很少，一两种大产业的起伏就会导致经济波动的发生，现在产业的种类已经很多，每种产业可能带来经济波动的可能性降低。再加上经济全球化，每个国家或地区的经济波动对于全局的影响力也在下降。单个地区的经济过热，可以利用加大国际投资或贸易削弱。

在当代，人在一生中的最大消费依次是住房、汽车、教育、医疗、饮食、衣着、旅游，商业周期中的房地产周期对经济发展的影响最大。在大数据如此发达的今天，人们只要严密监视与调控这些重点行业，以及它们相关性高的重点大行业，已经可以在一定程度上把控经济的发展与波动。

从 20 世纪初到现在科技创新层出不穷，但是所有的科技产品创新的产值与作用都无法与金融创新相比。从 20 世纪初到现在已经发生了两次由金融危机导致特大经济危机，一次发生在 1929 年，一次发生在 2008 年。经济危机从很早以前就一直伴随着经济发展，每隔几年就会发生。早期多是债券票据发行过量导致的金融挤兑危机。从 19 世纪初到 20 世纪 20 年代初，经济危机主要是生产或建设过度引发的产品相对过剩的危机。20 世纪 20 年代之后世界发生的重大危机大多数源于金融的过度投机。

（五）货币学派与货币流动

弗里德曼是诺贝尔经济学奖得主，货币学派的创始人。他的货币需求理论分析了与货币需求相关的个人恒久性收入、非人力财富占个人总财富的比率、金融财产收益、通货膨胀、个人偏好等各项因素及其相互关系，以此建立了货币需求函数，并根据美国的历史数据进行了实证研究。他认为货币需求与其决定因素之间具有极为稳定的关系，货币需求独立于货币供给，即影响货币需求的因素与货币供给完全无关。

在弗里德曼看来，由于货币需求函数是极为稳定的，因而物价的变动决定于货币的供给。他认为通货膨胀主要是一种货币现象，是由货币量比产量增加得更快造成的。许多现象都可以使通货膨胀率发生暂时的波动，只有当它们影响到货币增长率时，才会产生持久的影响。

弗里德曼认为，虽然通货膨胀是一种货币现象，但是货币增长率的变化不能立刻引起物价的变化，货币量的增加到物价的上涨还存在一个过程，货币供给量的增长先影响产量后影响价格。由于货币增长率上升会相继产生：初期时利率下降和产量增加的冲击效应，中期时收入和价格水平上涨效应，长期时利率上涨和价格预期效应。货币供应量的过度增加最终无法达到消除通货膨胀和经济波动的目的。

费里德曼的研究基于美国 1867—1960 年的数据，是一种历史数据的总结，其理论依据不够充分。那个时代逐渐在全球流通的美元，仍然受到贵金属数量的限制，与当今完全依据国家信用的现代货币存在着巨大的差别，他的货币理论已经很难适用于现在的经济体系。

同样是经济学诺贝尔奖得主，作为凯恩斯主义学者的耶鲁大学教授托宾则认为，弗里德曼对于货币供给方程式的解释是不能成立的。托宾指出，存款与通货比率从实际经济运行资料来看，并不是始终处于稳定的状况，而常常出现的是周期波动现象；至于存款与准备金比率的变动，商业银行行为的独立作用是很明显的。

在非主流经济学派中，后凯恩斯学派的一些学者，例如格利等人，在最近几十年中提出了一个现代货币理论。这一理论应该叫作关于现代货币的理论，所谓现代货币就是基于国家信用发行的非金本位货币。现代货币理论有三大支柱：货币国定论、财政赤字货币化与最后雇佣者计划。其中雇佣者计划是目标，财政赤字货币化是手段，而货币国定论是理论基础。

他们假设将全部经济体分为四个独立的部门，即居民部门、非金融企业部门、政府部门和国外部门，制作了各部门间的流量均衡矩阵表，并由此形成了存量—流量均衡模型。他们认为：在未充分就业的情况下（比如在萧条期、周期的下行阶段等），政府有义务也有能力通过财政扩张（包括赤字货币化）来动员资源，实现充分就业。由于货币是国定的，其扩张不受约束；由于未充分就业，扩张也不会带来通胀。

现代货币理论对于现代货币的运转虽然有着更加深刻的理解，但也受到本学派的其他人和主流经济学派的猛烈攻击。现代货币理论的最主要缺陷还在于他们沿袭了凯恩斯学派的"储蓄＝投资"，并未注意到储蓄与投资的偏离过程及偏离原因，忽视了商业银行的货币创造作用，夸大了财政的作用，不受约束的过度财政扩张或实施不当势必造成通货膨胀。

弗里德曼使用全社会平均的观点来看待货币需求，所以得出了他的结论。但是，社会的货币需求不是平均的。从经济发展的方面来看，产品是从最有钱的人群逐渐向穷人扩散，而金钱却是从穷人向最富有的人群集聚。产品是从同心圆的中心向外环扩散的，但是金钱确是从外环向中心聚集的。金钱的社会集聚方向和产品的市场扩散方向正好相反。相比穷人，富人的数量很少，相对于他们的金钱，富人的消费能力十分有限。富人的钱多数用于投资，穷人的钱多数用于消费。随着金钱向着少数富人集中，大量投资推动社会产出不断提高，而社会消费需求的扩大却受到很大限制。投资过剩和消费需求不足，使得上述经济循环进入衰减循环，最终陷入停滞。金钱向富人集中得越快，循环的衰退越快。

如果把社会简化为仅有两个团体，一个富人团体，一个穷人团体。假设在最初富人团体拥有全社会人口的20%、货币的40%，穷人团体拥有全社会人口的80%、货币的60%。假设这时弗里德曼所讲的货币需求的稳定性完全成立，经过一段时间的经济发展过程，如果社会变成了20%的富人拥有了80%的货币，80%的穷人仅拥有了20%的货币，弗里德曼所讲的货币需求的稳定性就将被打破了。

社会上的中等收入群体和低收入群体的收入水平相对平稳，且他们的人数很多；富裕群体的人数很少，但是，他们所拥有的金钱数量很多，且变化很快。由于富人的金钱出入频繁，且数量很多，变化很大，所以费里德曼所讲的货币需求的决定因素并不稳定，分层次来看他的结论不能成立。

在经济发展的上升时期，利润驱动投资带来的供给增加和降价带来的市场扩张。扩张的结果造成企业没有利润，这时存于富人手中的大量金钱已无处可投，社会上已经存在有大量的、富人无须消费和穷人无力消费的剩余物资，由此必然发生储蓄与投资的背离和商品与消费的背离。相对于社会已经生产出来的最终消费品产品，穷人手中的钱不够用，富人手中的钱没有用，货币需求在社会上发生了严重的扭曲。在经济的上升期、均衡期和下降期，资金的流通速度各有不同。在上升期资金流动快，在均衡期减慢，到了下降期资金会在各个产业的环节积压，且造成货币不足的假象。

在出现了有效需求相对不足之后，政府按照凯恩斯学派的办法，增加货币流动性，新增的货币仍然会有80%流向富人，20%流向穷人。流向穷人的新增货币短期内可以提升消费，长期来看聚集到富人的货币更多了，必将形成更加严重的有购买力的需求相对不足。

一般情况下，社会对于财富不均具有一定的容忍度，市场可以容纳一部分金钱储存和商品存货的存在。这种容纳现象具有一定的区域性，区域的范围越大，最穷与最富间的等级越多，信息、货币、商品流通的速度越快，容忍度就越高。市场经济使得金钱向少数富人集中，在一定程度上对于调动人们参与竞争的积极性具有激励作用，但金钱集中到了一定程度就将影响到整个社会经济的发展。政府为了挽救经济衰退，采取刺激性经济政策带来的通货膨胀，也必然造成富人金钱的大量流失和转移。

（六）理性预期理论

诺贝尔经济学奖得主卢卡斯的理性预期理论认为，人们在经济活动中，根据过去价格变化的资料，在进入市场之前就对价格做出预期，这样，他们的决策是有根据的。一切经济活动都是根据理性预期进行，货币数量的增加和减少不影响实际的经济变量。系统的货币活动仅仅影响诸如价格水平、通货膨胀率等名义变量。货币的中性使得政府的货币活动和财政活动失效，实际的经济变量只由经济中的技术条件、人力资本等实际因素决定。理性预期学派还强调，由于政府对经济信息的反应不如公众那样灵活及时，所以政府的决策不可能像个人决策那样灵活，因此政府的任何一项稳定经济的措施都会被公众的合理预期所抵消，成为无效措施。

理性预期理论基于"科学预测"之上，而现在的预测理论与实现都是基于过去的发展的数学模拟，它只是对过去发展轨迹的延伸，在环境条件不发生太大变化的前提下才有效。对于千变万化的市场来说，并非真正的科学预测。经济发展的历史告诉我们，经济的变化类似股票的变化，至今没有人可以预测到拐点会在什么时候出现，所以理性预期本身就站不住脚。

经济学者所谓的经济预测，就是通过几种数学曲线进行模拟，然后选定最接近以前的数学曲线去预测未来的发展，但真正理解预测方法的人应该都知道，这样根本无法预测突然的变化。在经济发展中，因受到众多各种因素的影响，断崖式突变经常发生。这些预测在不发生突变的情况下，预测短期的未来，这个未来不该超过一个月，经济生活中的大多数预测不过是在自欺欺人，是最"科学"的假科学。

成立于 1994 年的一家美国著名超级对冲基金长期资本管理公司（LTCM），在两位诺贝尔经济学奖得主的指导下，由著名数学家建立了当时世界上最复杂的风险对冲数学模型，利用世界上最先进的计算机和网络设施，在资本市场上操作交易。1998 年遭遇俄罗斯金融风暴时，他们输了个精光，还险些拖累整个金融体系。顶尖经济学家和数学家的预期能力应该算是最强的了，但这件事对于理性预期理论具有讽刺意义。

在市场上几乎所有的实体经济投资都是在保密的状态下进

行的，针对任何时刻的市场信息，许多企业都可能存在互不相闻的隐秘投资。信息封闭条件下的盲目投资经过建设周期的滞后形成产能，很可能早就产能过剩了。按照理性预期的理论，根本就不会有经济危机出现，可事实并非如此，2008 年从美国开始的世界金融危机，更是说明了理性预期理论的局限性。

理性预期不仅认为投资是基于理性预期的，并且认为民众的消费也具有理性预期的性质。就连经济学家们所做的理性预期都很不靠谱，民众进行的理性预期偏离实际情况就更远了。一般民众的消费行为不可能基于对政府经济政策的预期，很多民众甚至根本就不知道什么是政府经济政策，有些人虽然知道有这个名词，也不十分清楚它的意思。相对在发达国家中，了解政府经济政策的人数会多一点，但就美国总统大选中民众的表现情况来看，真正理解政府经济政策的人口比例状况也并不乐观。退一步说，如果真的存在理性预期，或者说理性预期真的可以实现，可能会有对货币政策的对冲效果。即使如此，在经济衰退或萧条时，若是政府投资基础设施或公共产品，只要大体回本或亏损不太大，就会带来就业的提升和市场的扩大，至少可以缓解眼下的危机。无论企业或民众是否预测到政府行为的效果，这个效果都不会改变。

每个人都会按照自己的预期，选定自己的经济行为，但这不是全社会一致的理性行为，每个人的预期各不相同，叠加之后就是一种未知状态，这一点在股市中反应得最为明显。把理性预期理解为社会舆论倾向，会对经济实际运行的解释作用更大一点。

（七）供给学派

价格变化时，供给量不一定会随之改变。因为无论在宏观还是微观环境下，供给量的变化不是由价格变化决定的，而是由利润变化决定的。利润不仅取决于价格，还取决于成本和销量，价格上升不见得会导致供给量的增加，价格下降不见得会导致供给量的减少。

1.市场价格与供给量

在价格上升的条件下，只要已无利润空间，供给量不仅不会增加反而可能会减少。只有在仍有利润且产能大于产量的情况下，供给量才会增加，但在这种情况下，价格没有理由上升；若此时产能小于产量，供给量不会增加，市场只有继续涨价，进一步抑制需求量。

在价格下降或不变的条件下，只要成本下降的幅度大于价格下降的幅度，供给量就会增加。成本也不变，甚至成本下降的幅度小于价格下降的幅度，只要仍有利润空间，供给量依然会增加。在价格下降的条件下，如果此时市场的需求量会扩大，只要仍有利润空间，供给量也会增加。只有在价格下降的幅度大于成本下降的幅度，或成本不降反升，且已接近没有利润的情况下，价格下降、市场扩张和供给量增加才会停止。到了没有利润时，降价早已经停止，剩下的只有供给量减少了。在上面所有情况中，只有最后一种勉强符合供给曲线描述的情况且是由于为了扩大市场、增加供给量，降价到无利润后，才发生的停止降价和随后供给量减少。供给量并不真正是价格的函数，也就是说原有的经典供给曲线在很多情况下不符合实际情况。

马歇尔当年在描述供给量与价格的关系时，没有考虑成本与竞争的存在，考虑后买卖结果会大不相同。在有竞争且信息透明度高的市场情况下，只有在竞争对手价格较低的同类商品售完之后，价高的商品才有出售的可能，实际上不会存在这样的情况。如果市场上所有厂商的某种商品的价格提高，必然导致需求量的减少，同时供给量无法增加。

在市场上商品价格是由供需矛盾决定的，市场经济是价格、需求量与供给量的循环体，市场价格上升及其原因大多是阻碍供给量增加的原因。因为价格上升的原因往往是成本上升到了亏损严重时的结果，此时不会有供给量增加，并且价格上升一定会使需求量下降，从而导致市场萎缩。

2. 价格上升时的表现

当价格上升时，需求量必然减少，如果此时供给量不减少，价格会因需求量的减少而下降，但是，这与价格上升的前提相违背，所以，价格上升的直接结果，必然是需求量减少导致的供给量减少。价格上升时必然没有空闲产能，产量无法立即增加；若此时存有空闲的产能，会使供给量立即增加，价格也就不会上升了。这样的话价格的上升不仅不会使供给量增加，反而可能会导致供给量因需求量的减少而减少。导致价格上升的原因只能是供小于求，供给量是否增加取决于成本变化的情况，在成本上升、不变或下降的条件下，供给量变化的原因与数量各有不同。

成本上升驱动价格上升，这是在激烈竞争中发生的一种被迫价格上升。供给者通常迫于同类企业竞争和替代品的市场压力，不敢轻易涨价，否则将大幅失去市场份额。只有当成本上升，此时产量下降到亏损边缘，才会涨价，由于市场的压力，此时价格上升接近成本上升，供给量不会增加。

在成本不变或成本下降的条件下，价格上升看似可以增加利润率并带动供给量增加，那么市场价格又为什么会上升呢？

在激烈的竞争中，市场价格上升与成本不变或下降很少同时发生。在这样的条件下，也很少会有同行业的竞争者突然大批停产，供给量不会突然减少。此时价格上升仅会发生在市场需求量突然扩大的情况下，多是由于替代品突然减少或是社会总收入的突然提高所导致，不过，这种情况在市场上很少发生。

今天这样一个新产品层出不穷的时代，替代品的减少导致价格稳定上升的事并不多见。如果发生，市场需求量突然扩大，短期之内产能大于产量，所带来的往往不是价格的上升，而是供给量的直接增加；只有到了现有产能无法满足市场需求的情况下，产量暂时无法增加，才会出现短期的涨价，而且价格上升的直接结果是抑制需求，使市场萎缩，进而影响供给量的增长；随着时间加长供不应求必然导致投资增加带来的产能与产量的扩大，真到了供给量增加时，伴随而来的是价格的下降。这几种情况都不是由于价格上升所导致的供给量增加。

社会总收入的提高可以分为在职群体的收入提升，和就业群体的扩大两种情况。在现代市场经济中，相对物价指数，在职群体收入提升的幅度不大，即使有所提高，其影响分散到对某一类具体商品价格的影响上也将很小。

就业群体的扩大会带来社会总需求量的增加，而就业群体的扩大主要源于新兴产业的兴起。在这种情况下，新就业群体往往是收入的低端群体，面向他们的市场只能在降价中扩大，涨价几乎不可能。就在此时，价格和供给量同是因变量，同作为自变量的需求量的函数。

3. 价格下降时的表现

当价格下降时需求量必然增加，如果此时供给量不增加，价格会因需求量的增加而上升，这与价格下降的前提相违背，所以，价格下降的直接结果必然是需求量增加导致的供给量增加。价格下降时必然存在空闲产能，使得供给量可以立即增加；若此时没有空闲的产能作为降价压力，价格也就不会下降了。这样的话，价格的下降不仅不会使供给量减少，反而会导致供给量增加。导致价格下降的原因只能是供大于求，由商品供大于求而导致价格下降的原因，无非是商品供给量增加或市场需求量减少。在价格下降时供给量是否减少，取决于成本变化的情况，在成本上升、不变或下降的条件下，供给量变化的原因与数量各有不同。只要还有利润空间，供给量就不会下降，也许还会增加，甚至还会有投资进入，供给量的不断增加必定导致价格的不断下降，只有当企业利润变为负值甚至企业流水变为负值后，供给量才有可能减少，而此时与供给量减少相伴的是价格的上升或维持稳定，已不可能是价格的继续卜降。

在成本下降的条件下，价格下降将会带来市场的扩大，只要还有利润空间，此时供给量不仅不会降低，反而会上升，并且会有大量投资涌入。决定供给量的因素不仅有利润率，还有利润总额，且利润总额更重要。虽然降价会造成利润率降低，需求量增加导致的供给量增加，会提高利润总额。只有当价格下降的速度大于成本减少的速度，导致利润变为负值，甚至流水变为负值后，供给量才有可能减少，而此时价格已再无可降空间，与供给量减少相伴的是价格的上升或维持稳定。

区域市场需求量突然减少的情况，常会发生在商品上升周期的末端，尤其会发生在道路、隧道、桥梁、厂房、写字楼、商业楼宇、住房、汽车、家电等方面，这时出现的情况会是断崖式量价齐跌。这种情况也并非单纯是由价格下降导致的供给量下降，而是需求量下降导致的价格与供给量同时下跌，此时价格与供给量同是因变量，同是作为自变量的需求量的函数。

无论是在成本减少、不变或增加的情况下，降价都是企业在有利润时为扩大或维持市场供给量而采取的主动行为，降价的结果也是需求量增加带来的供给量增加。与此相反，涨价往往是企业为弥补亏损而采取的被动行为，涨价的结果是需求量减少带来的供给量减少。

4.价格的宏观作用

上述的各种情况说明供给量跟随价格的变化，因情况种类较多，这里应该明确：在价格上升和下降这两种情况中，供给量增减究竟会在哪种情况下发生？哪种情况下更普遍？规模更大？对经济发展起到的作用更大？

在近几百年的市场经济发展中，各产业商品供给量增加的更多情况发生在生产力的发展使某种产品的生产成本下降，引起产品价格下降之时。该产品市场范围的扩大，引发了投资、就业和市场的大幅扩张，由此导致了供给量的大幅上升。正如很多产业的发展一样，当年福特汽车走向大众化的举动就是个典型的例子。

历史上的福特 T 型车采用流水线生产，运用最新管理手段，成本大幅下降。福特的 T 型车的售价从 1908 年的 2800 美元降低到 1909 年的 850 美元，第一年产量达到 10660 辆，到 1917年共生产 200 万辆；1920 年 T 型车售价降为 260 美元，到 1921年福特共生产 500 万辆；到 1927 年福特共生产 T 型车 1500 万辆。福特汽车大众化是现代所有比较贵重产品走向市场的典型过程，正是这些比较贵重的产品，逐个通过降低价格、增加供给量扩大市场，逐渐走向大众市场，引导了现代社会经济的发展和社会生活水平的提升。

商品的降价、供给量增加、市场扩大同步发生的现象，在贵重商品方面比较明显，更容易被人们察觉。其实，在所有产品的市场上都是一样的，只有价格下降才是供给量增加、市场扩大的最主要动力。总体来看，供给量的增加主要源于价格的下降，这恰恰与供给曲线的描述相反。

从社会经济发展的整体情况来看，供给量的增加由价格下降引起消费群体的扩大所导致的。高额利润经常发生于创新造成短时垄断高价的情况下，或者成本下降导致利润增加的时候，高利润必将引发投资热潮和供给量上升。降价往往发生在利润率较高的新兴行业及新产品，而涨价的一般都是接近亏损的旧行业及旧产品。相比之下，经典供给曲线描述的价格上升导致供给量增加很少发生。

从宏观经济发展来看，增加供给量的真正动力应是本行业的利润率高于其他行业，导致供给量增加的原因只能是利润。只要有利润存在，无论利润增加还是减少，都会导致供给量的增加，时间稍长更是会导致投资的增加、产能的增加和产量的增加。现代经济发展的根本是效率提高带来的成本下降、利润增长、投资增加、就业扩大、产量增加、价格下降、市场扩张。

房产、珠宝、字画、艺术品不仅仅是消费品，还兼有投资品的性质，这类商品的需求具有买涨不买跌的情况，其供求关系具有一定的特殊性。限产抬价、囤积居奇等哄抬物价的行为，属于垄断状态下的行为已经超出正常市场状态。通货膨胀不属于在此处该讨论之列。从经济发展的较长时期来看，发生更多的、规模更大的供给量增长情况，大多是发生在价格下降的过程中，而价格上升导致的长期大规模供给量增加却罕有发生。

萨伊认为生产同时创造了商品和购买力，实际上是有前提条件的。供给学派强调萨伊定律，这并不完全正确，他们忽视了萨伊定律的前提是社会没有太大的贫富差距。也就是说"供给创造自己的需求"前提是社会没有太大的贫富差距。社会上的金钱向富人聚集的程度越高，有购买力的需求就越加不足。此外，投资隐蔽性所造成的盲目过度投资和产业结构不匹配，也都可能造成供大于求，这些情况也会加剧供给与需求的不匹配。

在现代市场经济条件下，需求量产生于消费者在供给生产过程中挣到的钱，供给量增减决定于需求市场的扩大或收缩，片面地强调供给量或需求量都是不全面的。供给量与需求量是矛盾的两个方面，在价格变化当中，有时供给量是矛盾的主要方面，有时需求量是矛盾的主要方面，需要具体问题具体分析。

市场经济是价格、需求量与供给量的循环体，市场价格取决于供求矛盾，并不单纯取决于需求量或供给量的某个单一方面。不过，高度概括地看现代市场，可以粗略地认为价格决定需求，需求决定供给，供给决定价格；或可以粗略地说，利润导致投资，投资导致供给增长，供给增长导致降价，降价限制利润。

第五章 探识经济发展的进程

任何社会经济的发展，说到底就是人的发展，是人的思想认识向着经济规律逐渐靠拢的发展。这个发展过程是渐进式的，是不可能跨越的，必须在本地民众的实践中，经过不断的进步，才能积少成多，逐渐完善。

（一）两个著名的国际共识

关于市场经济的发展，国际上有两个著名的共识，一个是"华盛顿共识"，另一个是"北京共识"，这两个共识的概念都是西方经济学界提出来的，都以经济学的理论作为背后的支撑。这两个共识对于经济发展来说是不是全面的认识，是不是真正看到经济发展中最重要的因素，需要具体分析。

1."华盛顿共识"

"华盛顿共识"通常指20世纪80年代中后期，位于华盛顿的三大财金机构，国际货币基金组织、世界银行和美国财政部，总结拉美国家减少政府干预促进自由贸易和金融自由化的经验后，提出并形成的一套政策主张。1989年美国经济学者约翰·威廉姆森将它归结为"华盛顿共识"，其核心思想是自由化、市场化、私有化加上财政政策稳定化。

"华盛顿共识"包括十个方面：①加强财政纪律，压缩财政赤字，降低通货膨胀率，稳定宏观经济形势；②把政府开支的重点转向经济效益高的领域和有利于改善收入分配的领域（如文教卫生和基础设施）；③开展税制改革，降低边际税率，扩大税基；④实施利率市场化；⑤采用一种具有竞争力的汇率制度；⑥实施贸易自由化，开放市场；⑦放松对外资的限制；⑧对国有企业实施私有化；⑨放松政府的管制；⑩保护私人财产权。

1990年由美国国际经济研究所出面，在华盛顿召开了一个讨论20世纪80年代中后期拉美经济调整和改革的研讨会。会上美国国际经济研究所原所长约翰·威廉姆森认为，与会者在拉美国家已经采用和将要采用的十个政策工具方面，在一定程度上达成了共识。

所谓"华盛顿共识"，以新自由主义经济学说为理论依据，在20世纪90年代广为传播，同时也曾在美洲、非洲、亚洲、中东欧得到广泛实行，而且在一段时期内略有成效，尤其对外国投资颇具吸引力。但很快，这种模式的弊端就显露了出来，与各国的管理不善及腐败问题结合在一起，在10年时间内接连破坏了十几个经济体。

"华盛顿共识"的主要问题是把发展单纯看作经济问题，强调自由化、市场化、私有化，忽略了经济发展的社会属性，忽略了竞争力提升具有必经的过程，忽略了综合治理能力提升的阶段性等经济发展的重要因素，而这些重要因素才是制约发展的主要限制力量。

2. "北京共识"

中国没有遵循"华盛顿共识"，而是按照自己的模式自行发展。美国《时代》周刊高级编辑、美国高盛公司资深顾问乔舒亚·库珀·雷默，2004年在英国伦敦外交政策中心发表的调查论文中指出，中国通过艰苦努力、主动创新和大胆实践，摸索出一个适合本国国情的发展模式。他把这一模式称为"北京共识"。

按照雷默的说法，"北京共识"的核心就是一个国家按照自身的特点进行发展。"北京共识"具有艰苦努力、主动创新和大胆实验（如设立经济特区），坚决捍卫国家主权和利益，以及循序渐进（如"摸着石头过河"）、发挥不对称力量（如低价优质劳动力）和积聚能量（如积累4000亿美元外汇储备）等三个特点。

"北京共识"不仅关注经济发展，同样注重社会变化，还涉及政治改革、生活质量改善和全球力量平衡等诸多方面，体现了一种寻求公正与高质量增长的发展思路。"北京共识"最值得关注的地方在于，它提供了一种从全新视角来分析问题的方法，相比"华盛顿共识"，"北京共识"有了长足的进步。"北京共识"虽然已经发现经济发展不单单需要解决经济的问题，还有社会、政治和主权等诸多问题的存在，但它依然没有突出地注意到，经济发展的最根本要义。

（二）外贸、内贸与经济发展

"华盛顿共识"有一个致命的弱点，就是片面追求实施贸易自由化和市场开放。一个市场经济处于发展起步时期的国家，竞争能力十分薄弱，过早放开市场，直接面对国际上强大的竞争对手，不但提升不了自己的竞争力，反而会把刚起步的企业扼杀在摇篮之中。

经济运行是一个金钱循环的过程，用最简化的方式来考察，这个循环上只有企业和消费者两方。连接企业与消费者的是两个市场,一个是商品市场,另一个是人力市场。从企业来看,是从花钱雇佣生产到销售商品挣钱;从消费者来看,是从就业挣钱到花钱购买商品。

经济发展进程有两个侧面:一个侧面是企业制造商品的侧面,这个侧面要求成本越低越好;另一个侧面是民众挣钱的侧面,这个侧面要使民众都能挣到钱。前一个侧面有企业家为之操心,后一个侧面却无人看管操持。这两个侧面看似是同一个进程,实则不太相同。经济的发展有赖于两个侧面的匹配,这两个侧面不匹配就会发生经济膨胀或者萎缩,产生经济危机。现代社会经常发生商品相对过剩,购买力相对不足,就是因为没有让广大民众都挣到足够多的钱。

在对外贸易当中,出口方无须关心进口方如何挣到钱,从而有能力购买自己的产品,只要能做到自己的某些产品在世界市场上具有竞争优势就可以了。由于外贸出口的这个特性,一国的外贸出口仅仅进行了货币循环过程的一半,而另一半是进口国自己挣钱的过程,这个过程要由各个进口国家各自来参与完成。

内贸与外贸的不同,对于内贸来说,生产销售和挣钱购物循环中的两个侧面同时发生在国内。内贸比外贸更难以发展,是因为内贸必须兼顾到经济循环中的两个侧面。内贸得到发展是需要生产过程有优势竞争力,还需要让进入市场采购的民众能够挣到钱,能挣到钱的民众规模决定了产品市场的扩张规模。

可以用某一种产品的生命周期来说明生产、销售与消费的过程：任何产品都是刚推出时高价卖给少数有钱人，然后就是降低成本扩大产量，降价卖给人数多一些的中产阶层，再往后就是再降价卖给更多数、更缺钱的人，此时这个产业的产量进入其高峰时刻，最后，持续的降价使得这种产品没钱可赚了，这种产品就只能走向衰亡，此时又会有替代这种产品的新产品出现了。这就是产品生命周期理论，没有一种产品能够逃脱这个规律。

在这里需要强调的还是挣钱的侧面，产品在高价期间产量很少，只有少数人能够参与生产挣到钱；价格越降越低，产出规模越扩越大，从事生产者越来越多，就会有越多的人挣到钱，产品降价的过程同时是一个让更多的人挣到钱和有钱花的过程。

由于上述原因，一个国家在经济起步阶段，如果能有几个产业在国际市场上具有竞争能力，发展外贸相对容易。不过，也要考虑到外贸出口发展到一定程度，就会产生外汇剩余，用这些外汇购买进口商品，会冲击同行业国内市场。在有条件的情况下，发展外贸相对容易，北京大学著名经济学家林毅夫教授倡导的新结构经济学就认为，一国禀赋结构升级的最佳方法，是在任意特定时刻，根据它当时给定的禀赋结构所决定的比较优势发展它的产业。

发展外贸要求出口国的外贸产业具备国际竞争力。对于一个欠发达国家来说，他们不可能已经具备高端制造业、高科技产业或资金密集型产业，在起步阶段他们的外贸可以率先发展的产业，只能是资源型产业或劳动密集型产业。这些资源包括矿产资源、油气资源、土地资源、海洋资源、旅游资源等自然或古迹资源。他们的劳动力必须也是廉价可用的劳动力，可用就意味着要具备一定的素质条件。

欠发达国家在起步阶段，一般缺乏先进的技术、管理和资金，仅仅依赖已有资源仍然很难在世界市场上赢得竞争。若要赢得全球竞争，就需要从国外引入先进的技术、管理和资金。这就涉及本地必须可以保障外来的技术人员、管理人员和资金的安全，并让外资能够赚到利润，且这些利润是可以带出国去的。要实现这些保障，就要求本地具备相应的法治环境，进而要求本地具有立法、执法和遵法的社会环境。然而，这一点恰恰是欠发达地区所不具备的，而且很难在短期（一两代人）内得到明显提升。最早到欠发达国家投资的人，相信都有这种感受。

对于一个地区来说，外贸出口毕竟只是少数人从事的产业。对于很小的国家发展几项外贸产业，可以大幅提高本国的经济水平；但是，对于比较大的国家来说，外贸行业以外的大多数民众挣不到钱，就会形成内需不足。发展国内贸易，就必须考虑到广大民众到哪里可以挣到足够多的钱，这样才能够形成足够多的国内市场购买力。

在一个地区的经济发展过程中，内贸产业往往是从生产价值很低的产品开始，然后产品价值不断提升。从粮食、果蔬、鱼、肉、蛋、奶、服装、鞋帽，到手表、收音机、录音机、电视机、彩电、洗衣机、电冰箱、固定电话、移动电话，再到照相机、摄像机等，一直到摩托车、汽车和房产。这是因为在开始时，民众没有能力购买比较贵重的商品。

中国的发展过程就是这样，改革始于农村联产承包责任制，解决了粮食问题，再解决穿衣问题，然后才有其他发展。到2012年中国城市已经到了汽车开始大幅降价的时代，小轿车正在大量地进入千家万户。这时距离改革开放开始的1978年，已经过去了35个年头。房地产开发虽然不是高科技产业，但属于资金占用量很高的产业，只有在经济发展到了一定程度后，才能大幅度发展。无论是建房的人，还是买房来住的人，都需要经过财富积累的过程。房产不像其他产业，房产的发展有其自身的规律。房地产的独特之处在于：其一，房产建在地上不能移动；其二，房屋是耐用消费品或耐用资产，其时间甚至可达数百年；其三，有房产必有地产，土地的价格随着当地经济的涨落而起伏；其四，住房是全社会每个人的最基本生活条件；其五，在世界上的任何地方，买房都是人一生中价值最大的开支，房地产对于经济拉动作用大于所有家电、手机、汽车等贵重商品。由于房地产的这些特点，所以房地产发展涉及国家关于私有财产、建筑工程、土地所有等各项政策制度，涉及房屋租赁、买卖的各种税收和地方补贴，所以房地产与当地各类产业的兴衰有着紧密的关系。发展房产必须注意购房或租房贷款的银行政策和利率；还需考虑当地的传统观念和文化状态。所以房地产发展比任何其他产业都更加复杂，它的发展关系着国计民生，各国的基础条件不同，各国房地产发展情况的差异很大。

在国际上各城市的各项投资发展是由企业自行决定的，一个地区的一些优势产业逐渐发展起来之后，当地的房地产价格就会随之上升，当地产业的工资与成本也会水涨船高。当房地产价格上升到一定程度，当地的产业就会随之调整，一些低利润的产业逐渐外迁，产业不断升级，产业水平与房地产的价格逐渐平衡。在这一点上，中国的发展有些例外。

中国的房地产状况有些特殊因素，这主要是因为中国的经济是由地方政府主导发展的，各个地方的政府只会在本地投资，不会向其他的地区进行投资，这就使得越发达的地方投资越多，产业越多，工作机会越多，房地产价格越高，越欠发达的地方越没有投资，房地产价格越低，再加上人口多，人们争相逃离不发达地区，涌入发达地区。这两大因素造成了今天大城市房地产价格居高不下的结果。

房地产市场本应与其他市场一样，由市场机制来自行调节。但是，房屋不仅是消费品还是投资品，与一般消费品的商品特性不完全一样，投资品具有买涨不买跌的特性。房地产的这一特性，使得房地产市场容易发生追涨炒作，再加上房地产价值很高，炒作会造成经济的巨大泡沫，这个泡沫一旦破裂，必然导致经济危机。2008年从美国爆发的全球金融危机，就是由炒作房地产的"次贷"所引起的。如果可以在一定程度上控制房地产炒作，就可以在很大程度上控制经济波动。

美国2008年引发的这场全球金融危机不断延续，大部分国家被深深卷入其中，此次危机的影响非常深远。"一带一路"倡议为中国和广大发展中国家提供了发展的机遇，中国应借此机会缓解与调节产能过剩，"一带一路"倡议上的国家可以借此机会发展自己国家的经济。

我们必须有更深刻的思想准备，中国不能再指望美、欧复苏后来买中国的产品，大量的外汇盈余不可持续，我们这样的大国只有走发展自己的经济的道路。中国经济的长期增长应该立足于国内需求的增长，内需增长的必要条件是，逐渐消除中国广袤大地上的地区间巨大差异，注重逐级开发各地的经济发展能力与水平，否则，就很难有今后的长足发展。

（三）中国赢在哪里

中国城市的改革开放，开始于20世纪80年代。从20世纪70年代末开始，关于改革开放的争论在中国进行了很多年，中间经历过许多坎坷与波折，最后确定了改革开放的道路。这条道路的确定，造就了今天中国经济发展举世瞩目的成就。

（四）小步快跑交替发展

在今天的世界上，还有很多的国家和地区也包括我国西部的一些山区农村，仍然处于十分贫穷落后的状态。许多致力于经济研究的人都在试图发现尽快摆脱贫穷的办法。

1. 欠发达地区的特征

首先来看看世界上发达国家或地区具有哪些特征：发展资金充裕、市场高度发达、购买与消费能力强劲、基础设施完善、物质基础丰富、专业协作水平很高、科技先进、法制完善、公众法制观念很强、组织纪律性强、职业素质很高、工作效率很高、市场意识和管理理念深刻。与此相对应的，一个经济欠发达的地区，又会有什么样的特征呢？缺乏发展资金、市场不够发达、购买与消费能力低下、缺乏基础设施、物质基础贫乏、专业协作水平低下、科技落后、法制欠缺、公众法制观念淡漠、组织纪律涣散、职业素质低下、工作效率不高、缺少市场意识和管理理念。那么是否可以通过直接把这些他们缺乏的诸如资金、科技输送给经济不发达地区，从而使得他们马上就可以富裕起来呢？世界经济发展的经验告诉我们，这是不可能的。

2. 一个循环

发展市场经济是万千民众各自为了自己的利益而奋斗的事情，这就需要有法制的环境来约束社会，所有人都必须在法律的框架内做事，而法制要依靠民众的法制意识，提高大众法制意识有赖于经济的发展，这几者之间相互依靠形成了一个循环。

（1）发展经济是所有人的事

发展经济是各行各业及千家万户的事情，只能依靠广大民众，只靠个别人不行，只靠政府是肯定做不好的。依靠市场中"看不见的手"，充分调动全社会每个"经济人"的积极性，让每个人为自己奋斗，自己养活自己，而不可能靠个别的某些人来养活社会上的每一个人，这就只有发展市场经济。任何一项产业要想发展，绝不是少数几个人的事，发展一项产业需要一个先进的群体，发展一批产业需要许多先进的群体。

（2）搞市场经济需要法制环境

没有市场规则也就不会有市场经济，市场规则的运行需要有法制来维持市场秩序。交易规则、合同执行、产权保护、抵制腐败的司法等都需要法制的支持。发展市场经济需要有一套完整的制度来保护与约束"经济人"，要通过合同的形式、监管的形式、法律的形式来保护与约束"经济人"，此外还需要有法律来约束政府。任何一个市场经济发达的国家或地区，都有一整套完整的法制体系，用来保证市场能够得以顺利运行。

（3）法制来自大众的认识

建设法制首先要立法，立法要求全社会对于要由法律来解决问题形成比较一致的看法，在制定法律时必须考虑到全体公民的看法，也就是说法律必须建立在一定的社会公众共同认知的基础之上。就算是所有的法律都可以照抄别国的，但执法过程就无法照抄了，法官、检察官、律师、警察、政府官员、企业经理也是不能全部进口的。就算培养了司法人员，广大群众都没有法制意识，法律还是无法执行，原因是法不责众。

（4）认识提高的基础是经济发展

如果有谁把境外的一整套先进的市场管理体系以及法律体系搬来，放到一个经济欠发达的地区，它必定遭到拒绝，即使被当地政府接受了，也执行不下去。原因是当地人的思想观念距离这套先进的体系太过遥远了。

人的认识只能随着生产力和经济水平的提高而逐渐提高。欠发达地区的人们只能在当地经济发展的过程中，逐渐地发现问题并解决问题，在解决问题的基础上，不断总结经验，提高认识，一个层次再一个层次地渐次提升。人们对企业和企业管理的认识、对市场和市场机制的认识、对经济和经济体制的认识、对法制建立和法律执行的认识，都只能是随着经济的发展而逐渐发展的。

在一个贫困的地区不可能凭空产生一个庞大的先进的群体，要把发达国家经历了几百年发展而来的技术、经验、观念、思想，一下子教给还非常贫穷落后的一群人是不可行的。更何况一个地区发展经济，需要发展千千万万个行业，需要家家户户都投入其中。发展经济实质上就是在发展当地的、能够适应市场经济的人，以及人的观念和素质。

当人们面对经济欠发达地区时，往往会发现上述四项形成的一个死循环：经济发展的前提是发展市场经济，市场经济发展的前提是社会的法制保障，社会的法制保障的前提是社会意识的提高，社会意识的提高的前提是经济的发展。当人们面对这个循环的时候，往往是想用当代先进的一整套模式，一揽子改变当地的欠发达状态，梦想一步到位，"华盛顿共识"就是个例子。正是因为这个原因，导致许多经济欠发达地区的经济改革（或称转型）归于失败。

这里最重要的是，必须认识到社会经济进步与人们思想观念进步两者之间，存在相互作用和相互促进的关系，这两者就像是人的两条腿，需要交替行进共同进步，外界的作用最多只能是促使其小步快跑，稳步逐渐发展，无法通过突然加大其中的某一边而获得成功。这其中尤其是思想观念的进步，更是无法快速实现一步式跨越。

经济进步与认识提高，到底是该先有鸡还是先有蛋呢？其实鸡与蛋都是在不断地发展与进化当中。欧美发达国家在他们发展经济的过程中，都是经历了数百年一步一步走过来的，他们的经营、技术、管理和法制的整个体系，是一点一滴积累而成的。现在的人常常只看到了欧美这座大厦今天的状况，却忽略了它的漫长建造过程。经济与法制建设为什么需要这么长的时间？这时间主要还是花在促使数量庞大的、各级各类民众的认识提高上了。

当一个人进入一个全新的环境时，他的思想观念很可能会很快地发生很大的变化，但是，这样的情况不会发生在欠发达地区发展经济的情况下，在此情况下常常是少量教育者进入了一个贫穷的全新环境，而占据多数的被教育者的贫穷环境没有发生变化，他们会是依然故我。

一个社会群体的思想观念和群体素质的改变，是一件非常困难的事，民众的观念很难实现跨越式发展，从"中学为体，西学为用"开始到今天，其间经过了数百年的历程。

欠发达地区的经济和人群的思想观念只能逐渐改变，但这并不是说外界对他们没有任何作用或影响。一个以前完全封闭的地区，很可能几百年上千年什么都没有改变；一个接受外界影响的地区，很可能几十年就发展起来了，变化的过程可以缩短不能取消。这就是开放的作用，这就是外界影响的作用，不过，外界的作用也有效率的问题。

人的重大变化往往来自对周围状况相似榜样的模仿，树立和宣传榜样是最有效的教育方式，榜样的作用是巨大的。榜样有两个重要因素，一是他已经摸索到了成功的道路，他之所以成为榜样，这本身就已经说明他的做法是可行的；二是榜样与学习者之间几乎没有差距，他们的基础几乎是完全一样的，两者差距太大无法形成榜样。外界影响最有效的形式就是树立榜样、小步快跑、从上到下、逐层渗透、快速扩散。设立经济特区是一个比较好的形式，就像"北京共识"中所提到的，中国的经济特区，为中国城市的经济发展，摸索了经验，树立了榜样。

3. 如何打破死循环

如果想让一个可以与外界自由贸易的贫困地区富裕起来，那么这个地区至少要有一个足够大的先进产业，在与其他与之有商业往来的地区相比较时，具有竞争优势。而这一点优势，在贫困地区的改革起步之时，往往也是不存在的，因为如果他们有这样的竞争优势，他们就已经不是贫困地区了，比如科威特拥有石油产业，它就已然很富有了。

如果一个可以与外界自由做买卖的贫困地区，在与其他与之有商业往来的地区相比时，没有任何产业具有竞争优势的话，这个地区与外界自由贸易的结果只能是越来越穷，因为只有他们买别人的产品，没有别人买他们的产品，这只能造成越来越多的外贸赤字。事情经常不是这样绝对，但类似的状况是普遍存在的。

欠发达地区在开始发展的时候，需要一个相对封闭的商业环境不宜全面开放，对外国进口物品要有所限制，可以适当支持进口比较先进的技术设备。首先，放开搞活的应该是本地的商业流通，鼓励本地商业流通的发展。当地商业流通的发展有利于生产的专业化集中和加强本地竞争，可以提高生产效率和促进新思想与新观念的传播。其次，发展需要因地制宜。开始时先要寻找一些在当地相对有基础或有本地市场的产业优先支持，输入资金、技术和管理经验。有基础的产业具有相对质优价廉的人力资源基础，或物产资源基础，这样的产业往往可以在全球市场上形成竞争能力，具有出口换汇的优势。本地市场的产业，在引入资金、技术和管理经验后，产业效率大幅提升，可以带动和提升本地就业、消费和经济发展。对于地域小且人口少的地区，发展本地市场的产业，选择难度较大。产业规模太小的话，很难达到该产业的规模经济水平。最后，输入的技术和管理经验要能够与当地的实际发展水平相适应。境外的先进经验一般很难直接照搬，需要经过适应性处理，尤其是管理经验。来自境外支援效果的检验标准，就是看该产业产品的成本和价格是否在下降，该产业的劳动生产率是否在提高，或是该产业产品的质量、性能是否在提高。个别产业在当地的发展会产生两个积极作用：一是该产业发展会带动经济的增长，带动相关产业和消费的增长；二是该产业发展所产生的榜样作用，会带动周边人们的思想和意识的转变。

选择哪些产业先行发展，要看当地现有的生产和经济水平。一般来说与百姓日常生活密切相关的，服装、餐饮、食品等，劳动密集型产业比较容易发展，科技含量越高的产业发展难度越大。矿产行业虽不一定与百姓生活直接相关，但资源类产业往往容易出口换汇，并且产业发展的难度不大，不过也要注意防止污染。有些行业虽然是高科技行业，但其散件组装实际上没有多高的技术含量，组装产业也比较容易发展。在有相对人力优势条件的情况下，还可以发展加工型企业，原料和产品市场都在国外，两头在外大进大出，但是这类企业市场风险较大。房地产业虽然科技含量不一定很高，但它属于资金密集型产业，与当地经济发展水平关系密切，只有当经济发展到了一定的水平，人们手中握有相当数量的金钱时，房地产业才会有较大发展的可能。

优先选择的产业可以是有一些优势的内销产业，或是直接可以出口创汇的产业。内销产业的规模应控制在当地有足够的市场，产业必须首先在当地获得发展，待技术与管理发展到一定的水平，才有可能向国外发展市场。先行产业要不断摸索探讨发展路线，及时总结经验和教训。当先行产业获得发展后，先行产业会对其他产业产生榜样作用和带动作用。在发展取得一些经验的基础上，会逐步带动产业的种类和数量扩大。与此同时已经具有一定竞争能力的先行产业，要进一步提高产业的现代化水平，提高产业效率和产品质量。当接近国际水平时，可以逐渐对外开放这些先行发展行业的国内市场，增加竞争强度，使先行企业在更加激烈的竞争中，得到更大强度的锻炼，从而可以争取更大的国际市场。把行业逐步培养到具有国际竞争力，这一过程是民众逐渐接受外来先进思想和观念的过程，也是对外开放的最佳过程。

放开搞活商业流通之后必然带来很多新的冲击和问题，这时当地的人们才会去思考如何去解决当前的问题。当地的法制环境，只有在问题与治理问题的不断博弈中，才能逐渐完善，有乱才有治，不断治理才会有不断提高。当地某项法规只能等到当地广大民众都意识到必须执行该法规时，才有可能有效实施，这也说明了先进者宣传带动的重要性。

说到底经济改革就是要打破旧的经济运行模式，建立新的经济运行模式，这一破一立都要由人来完成，破就会使一些原有既得利益者的利益受到损害，这些人就会出来阻碍。不打破旧的模式是没有出路的，打破了就会有问题，有了问题才能找到解决问题的办法。小问题小治，速度快，效果小，风险小；大问题大治，速度慢，效果大，风险更大。

中国在改革开放中始终追求平和稳定的发展，中国在改革开放之初搞经济特区，就是缩小了问题的范围，在可控的条件下，摸索试点取得经验树立榜样逐渐推广。这一点也是中国改革开放的重要经验。如果问题大到当地社会接受不了的时候，改革将遭遇挫折。俄罗斯初期的经济改革就是例子，拉美的墨西哥、巴西等国的经济发展也说明了这一点。

4. 教育的重大作用

如果要想让一个很封闭的贫困地区富裕起来，最根本就是要提高这个地区各个产业的劳动生产率，提高劳动生产率的途径有两条：一是使用新技术，二是提高生产的专业性。要使用新技术，就要有开发和使用新技术的人。要提高生产的专业性，就必须有懂得生产管理的人，提高生产的专业性，这就需要懂得商业经营的人。要有高水平的人，做高水平的事。高水平的人，一般来自培养和教育。这里讲的培养教育，并非完全是学历教育，还包含了很多的职业培训，干中学更是非常重要的途径，更多的还有社会舆论教育。教育的内容必须接近当地的现状，外来教材需要经过一定的适应性修改，内容涵盖科学技术、市场经营、企业管理、市场监管、经济金融、法制建设，等等。教育需要分层次逐渐进行，要首先培养教育当地比较先进的群体，然后利用先进群体带动落后群体，对不同层次的人群进行不同层次的培训。在一个地区的发展中最有影响力的是当地看得见摸得着的榜样，要及时抓住先进榜样的案例，引导大众进行讨论，这样做会大大加速民众的进步。

教育是改变人的根本方法，是实现改革的最有力的手段。在当代社会中，进行教育最重要的工具是媒体。学会运用媒体进行教育，对于高效提升全民族的素质具有决定性意义，无论国家还是企业，谁先会用媒体，谁将赢得全球竞争。

媒体是影响大众最有效的途径，利用广播、电视、互联网等媒体进行教育是效率最高的教育方式，如今的媒体人实质上已经变成了人类灵魂真正意义上的工程师，带动社会进步最重要的是首先提高媒体人的认识水平和编辑记者的思想观念及专业水平，才会最有效地提高大众的思想观念。

从高度抽象的意义上讲，人就是一个惯性体，一个思维与行为的惯性体。每个人惯性的形成始于他出生的前后，在整个生命期间逐渐形成，越是前期形成的惯性，越不易改变。在自然界，就连老虎的捕猎本领也是跟母亲学来的，人也不例外，早期的教育很重要。职业素质需要经过教育的培养，有很多素质是从小养成的，有些需要家庭教育，有些需要幼儿园教育，有些需要学校教育，有些需要企业内外的职业教育，还有一些早年缺失的教育需要在后来进行培训。

5.发展壮大

当市场经济发展到了一定阶段，人们会意识到有许多问题需要解决，财政体制、金融体制、外汇体制、证券监管、企业管理等变得越来越重要了。

前面讲过，欠发达地区发展经济，需要相对封闭的商品市场环境，对于金融和外汇也存在同样的问题。欠发达地区的外汇应该保持相对稳定，对资本出入应有效管制，这样做虽然可能造成效率损失，但可以避免国际冲击带来的金融危机，相对于前者，后者更加重要。欠发达地区经济不够发达，财政资金及外汇储备不够充裕，金融相对脆弱，应对危机的准备不足，这些都使欠发达地区应对金融危机的经验与能力欠缺，经受不起金融危机的打击。发生在 1997 年的东南亚金融危机，就很好地证明了这一点。

税收政策、财政政策、货币政策、利率政策是控制经济发展调整产业结构的重要手段，由于经济发展的形式往往错综复杂。如能很好地使用这些手段，实时驾驭经济健康发展是非常不容易的事。在经济发展的进程中，有时需要利用税收调整产业结构，有时需要使用赤字财政刺激经济发展，有时需要限制货币发行来控制通货膨胀，有时需要微调利率调控发展速度，等等。在什么时机和什么条件下，用什么手段，才能有效地达到调控经济的目的？要想对这些金融手段运用自如，需要培养许多金融专家，逐步摸索经验，走过很长的学习和实践的道路。

随着企业的发展壮大，企业的管理水平必须不断提升，这个问题看似是个别企业的事，实际上，这也和整个社会认识水平密切相关。企业的职工都生活在他们所在的社会当中，只有全社会对企业和市场的认知上升了，企业管理的水平和市场经营的能力才能提高。

企业发展了就会有上市需求，需要到股票市场、证券市场去融资。证券市场必须具有有力的监管，才能保证投资者和企业的行为按照市场经济的规则进行，否则证券市场就不会得到健康的发展，欧美金融市场的早期教训和漫长的成长历史可以证明这一点。

　　所有在市场经济中发生和发展的问题，都需要得到妥善的处理，否则就会给经济发展带来损失，这些损失有时是巨大的，甚至是灾难性的。要避免损失，只有在当地的人们掌握了经济发展的规律，并能够针对当地的发展情况，正确地掌控当地经济发展局势时才能办到。任何局外人都不能代替本地人掌控当地的经济发展。

（五）对发展进程的探讨

　　本质上讲，社会经济发展源于经济效率或者说是劳动生产率的提高，经济效率的提高源于人们对客观规律认识的提高。如果没有劳动生产率的提高，经济发展就会是无源之水，没有人对客观市场规律认识的提高，经济效率就无从谈起。

1. 经济发展规律

　　人类近代第一次经济起飞是因为生产的专业化分工与市场交换的相互促进，从而提高了生产力。借助自然形成的市场协调，早期的畜牧、农业、纺织和冶金业等专业化分工逐渐形成，在很大程度上提高了生产效率。这意味着同样数量的一群人，可以养活更多数量的人，使得这些人得以有时间去学习知识钻研科学技术，于是牛顿发现了力学三定律，瓦特发明了实用高效的蒸汽机。大规模专业的机械化生产，大大提高了生产力和劳动生产率，这就允许社会养活更多人，专门从事科学技术研究。把科学和技术用于生产领域，人们有了电力和内燃机……

各类发动机驱动的机器，使得人们可以借用物力代替人力进行生产。化工、医药和生物科技大大地增加了人类的物质资源，延长了人的寿命。有了火车、轮船、汽车和飞机以后，人们可以更大范围地进行贸易、节约资源以及提高效率。科技发展给人们带来了电灯、电话和计算机，电灯使得人们的学习或工作时间延长了约三分之一；电话极大地改进了人们利用书信沟通的速度和效率；计算机和互联网正在以前所未有的能力帮助人们创造新的商品、改进工作方式及改善管理水平，更大幅度地提高效率。

高度发达的工商活动需要高水平的协调与管理，现代经营管理水平的提高，很大程度上减少了经济发展和生产交易中的各种消耗。科学技术也好，经营管理也罢，都是对客观规律的认识，也正是随着人类对这些规律认识的提高，人类社会的经济效率才得以提高，经济发达与不发达的差距也就在于此。

社会经济的发展取决于人们对客观规律的认识程度。在一个社会当中，人们对经济发展规律的认识，往往与社会经济的发展是同步的或交互的，只有当经济发展到了一定的水平，认识才会提高到相应的水平。也只有认识提高到一定的水平，才能进一步推动经济再向前发展。认识的进步很难有很大幅度的跨越，在经济发展的过程中，发展缓慢的是人的认识水平，人的认识水平提高了经济会很快得到发展。

马克思的理论讲，存在决定意识，经济基础决定上层建筑，存在与意识之间、经济基础与上层建筑之间有着作用与反作用。这一点没错，社会经济发展的过程实际上是人对客观规律的认识（包括：对自然规律、经济规律和社会规律的认识）提高的过程。这也就是为什么很多经济欠发达的国家，总是不能把发达国家最先进的经验直接拿来应用的原因。每个国家的经济发展都必须亲身经历自己的思想转变过程，这一点没有例外，也不会有例外。

2. 三类产业

在世界经济发展过程中把产业分为三类，第一产业是农业和采矿业，第二产业是制造业，第三产业泛指所有服务行业。第一、二产业一般比较明确，第三产业是从第一、二产业中逐渐分化出来的，服务行业包括：商业、运输业、教育业、医疗业、邮电业、影视业、传媒业、银行业、证券业、保险业、广告业、咨询业、软件业、餐饮业、旅游业、文体业、休闲业、娱乐业、废物及垃圾处理业，等等。

第三产业的业务大体上可以分为两种业务，一是为企业服务的业务，另一种是为个人服务的业务。第三产业的大部分行业都同时为企业和个人提供服务，例如银行的对私业务主要是为个人服务的，对公业务主要是为企业服务的，银行同时为企业和个人服务。人们往往有个误解，认为服务业主要是为个人服务的，实际上服务业主要是为企业服务的。第一、二产业的进步会带动第三产业的发展，第三产业的发展又会改善第一、二产业的效率，也会给人的生活带来更多便利，提升人的生活水平，三类产业的交互前进形成了社会经济的进步。第一、二产业的作用往往是比较明显的，其进步容易被人们看明白，容易被购买或复制。第三产业的作用却是隐蔽的，其进步难以被别人看到、学到或模仿。第三产业有着与第一、二产业同样重要的、提高经济效率的作用，并且随着专业分工的深化，生产制造成本占所有产业的比重日益下降，交易成本所占比重日益增加，第三产业变得越来越重要。商业是第三产业中的典型行业，有专家认为，美国1995—1999年生产率的提高，有八分之一来自沃尔玛这一个商业巨人。

市场经济的发展有其自身的规律，人们只有真正认识和掌握了它的规律，才能把握它的发展。经济发展的过程是一个分工逐渐细化的过程，而这种细化是经济发展到一定阶段后的必然产物。每一次分化都是效率提升的结果；每一次分化都是人员素质提升的结果。任何违背这一规律的超前做法都是揠苗助长、事与愿违。商业、纺织业逐渐从农业、畜牧业中分化出来，银行业、广告业逐渐从工业中分化出来，都是前一个产业的规模扩张到一定阶段，竞争激烈到一定程度的结果。这也说明了为什么，几乎没有哪个国家，可以避免走先污染后治理的道路。一个行业从另一个行业分化出来，就会更加专业、更有效率。细分的目的是提高效率，细分的前提就是规模和竞争达到了一定的水平。然而，产业分化得越细，需要的协调越多，管理越复杂，对人的素质要求也越高。分工细化之后，如果协调不好，效率不但上不去，反而会更低，因此行业细分要求从业者具有更高的职业素质。

3. 走新路的问题

近40多年来中国经济高速增长，伴随着经济高速增长的却是资源的大量消耗，污染日益严重，水、电、煤、油、钢、水泥等的需求与产量猛增，水、空气、土地受到越来越多的污染，人们的生活受到威胁。

一种被广为引用的说法是：前几年我国万元 GDP 能耗水平是发达国家的 3 ~ 11 倍，单位 GDP 的环境成本居于世界前列。众所周知，发达国家的第三产业在国民经济中所占的比重很大，远高于我国的水平。金融行业产生 1 万元的 GDP 和生产同样价值的水泥，所消耗的矿物资源与所形成的污染是不可相比的，后者肯定比前者的消耗与污染大得太多了。先行工业化国家的经济发展，都经历了第一、二、三产业的渐次发展的各个高峰阶段。在现代经济的发展中，中国是后来者。那么，我们是否可以走出一条新路来，不经历资源大量消耗的第二产业增长高峰，就此直接加快资源消耗较少的第三产业的发展速度，提高第三产业在国民经济中的比例，改善经济效率，并由此来提高经济总量，减少我们的资源消耗呢？

第一、二产业生产制造了人们所需的几乎所有物质资料。在每个人的一生中价值比重最大的物质消费就是房屋，让我们就以建房为例来说明一些问题。欧洲人在几十年前甚至几百年前建造的房屋，现在依然在使用，再加上他们的人口是负增长，所以现在他们的第二产业的比重会下降。但是，我们在发展中，还有很多人缺房甚至无房，再加上我们的人口还在上升，房屋还有很大的市场需求。房屋有市场，建房与装修就不会减少，钢材、水泥及各类相关产品的产量也不会大幅下降。想要在建房这件事上节能降耗减少污染有三个途径，一是让每个人的住房面积不要太大，减少建房总量；二是研发替代水泥等的新型的、可节约资源的环保型建材；三是改进水泥和钢材等建材的生产工艺过程，使其节能降耗减少污染。否则我们就不可能绕过欧洲人曾经的建房过程。其他的第二产业也面临着同样的问题，不解决这些问题，我们也就不可能达到降低资源消耗与控制污染的目的。另有一个节能降耗减少污染的途径，就是向发达国家学习，把能耗高污染重的产业迁到国外去，进口高能耗、高资源消耗、高污染的产品，这同样可以达到降低资源消耗与控制污染的目的。但是，我们国家大人口多，物质需求太大，许多材料尤其是建材，大量依靠进口并不现实。这也说明了为什么中国更不太可能避免走先污染后治理的道路。

4.我们的出路

中国是否就没有别的道路可走，必然要走发达国家已经走过的老路？仔细看看也不尽然。前面我们看到了建房过程中节能降耗和减少污染的三条途径，这其实就是我们可能走的新路。

第一条是节约型道路。若发达国家每人住 100 平方米的房子，我们每人住 50 平方米的房子，建房和装修的资源消耗自然就是他们的二分之一了。其实最重要的节约不仅仅是降低消费，无论在生产、生活中还有很多的事情可做，其中最重要的是生活方式的突破，因为这里是社会需要的源泉。欧洲人和美国人的生活方式就很不同，欧洲比美国节约很多。美国人自己买房住在郊外，每天开车从郊外到城里上班，小汽车需要消耗汽油。欧洲一些国家的人租房住在距离工作单位较近的地方，每天坐公交车或地铁上下班，住得远的人也有借助铁路上下班的。这种生活方式的差别，在各方面所造成的节约与浪费，一定不只是相差一点点而已。如果我们的职业素质能有更大的提高，越来越多的人在家里工作，所节约的会更多。北京现在的生活方式已经快赶上美国了，如果我们按照美国人的生活方式去生活，我们的产业就基本上只能走美国人走过的老路了。美国人的生活方式是在资源丰富的条件下自然形成的，我们今天已经可以参照世界上的许多先例，更好地设计我们的生活方式，最大限度地节约资源，避免走美国人的老路。这需要我们的政府做出努力，引导全国走向节约型社会。

举个简单的例子，中国人用毕生的积蓄买了一套大房子，但最后是如何居住的呢？有相当多数量的人，在家里存放了大量的不用或无用的物品（指放置一年以上不用的物品，如：旧衣物、旧书籍、淘汰器物等），其直接的结果就是虽然买了大房子，依然生活在狭小的空间之中。劝说大家把这些不用的物品扔掉不是件容易的事，要想说通众人，恐怕要等到下辈子了。可否设想有个公司，在远郊区运营一个大型仓库，专门为市民低价存放不用之物，再或者，在这个仓库内再设置一个交易市场，在市民存放前，可以先看看能否直接卖掉。此事的可行性，只要看看我们现在家中的堆积状况就清楚了。如果此事可行，城里市民们的住房面积，在不重新买房的情况下，实质上已经提高了很多。这样节约的效果可想而知，对于一个家庭动辄节约十几万、几十万或几百万元，何乐而不为？

中国人口众多，资源有限，只能走节约型的道路，这是一个很明显的问题。如果所有中国人像美国人那样开车，还没等我们发展到美国的消费水平，世界上的石油早就用光了。

第二条是创新型道路。走这条路的关键是要建立淘汰落后与鼓励创新的机制，才能调动创新者的积极性。关于这条路社会上已经谈得很多了，但是最关键的发现人才和发现创新的道路与机制还是没有形成。

第三条是改进型道路。这条路是最好走的路，见效最快的路，也是我们最不重视的路。2003 年我国大中型工业企业技术引进与消化吸收的比例仅为 1 ∶ 0.07，而日、韩两国技术引进与消化吸收的比例均保持在 1 ∶ 10 左右。同样是引进国外的技术，我们在消化吸收国外先进技术理念以及技术改进方面，具有很大的扩展空间，高铁自主技术的发展为全国树立了很好的榜样。

其实，我们可以走的路不仅仅是节约、创新和改进，我们还有很多路可以走，比如说优化生活结构、废物利用、循环经济、共享经济，等等。那么我们今天为什么没有走上这样的道路呢？根本原因还在于人的认识只能逐步细化，我们对于经济规律的认识水平目前还是太低了。走向上述所有可行的道路的前提是要使我们全体国民知道，我们不能走发达国家的老路，那是一条死路，必须尽快提高全体国民的认识水平，让大家都明白我们应该如何走自己的路，发展可持续的经济。

如今，每个人都处在竞争当中，经济发展是竞争的结果，竞争就要按照竞争的规律进行。任何一个国家、一个地区或是一个城市也都是竞争者，无一例外。任何一个竞争者，都要像每个企业一样真正认识到发展战略的重要性，并且确定自己的发展战略，必须根据自身所处的管理水平、经济能力、资源状况、地理环境、社会文化和技术状态（类似 PEST），明确自己的优势、劣势、机会与威胁（SWOT），准确定位自己的位置、价值观念和发展方向，坚持不懈地向这个方向努力，这才是科学的发展观。

经济发展观念的确定应该经过科学论证与实践检验，是一个真实可行的决策过程，这个过程应该是有研究、有试点、有检验的，结果应该是有效率提升、有资源节约、有质量上升，其推广应该是有跟踪、有反思、有改进。

经济发展观念的教育，应该是有计划、分层次、分阶段，逐级进行逐渐扩大。首先，是要使从高到低的各级政府的各级领导依次觉悟起来；其次，是要使工作在媒体中的所有观念传播者觉悟起来；再次，是要使从大到小的各种企事业单位的各级领导觉悟起来；最后，扩大到全民。这样的教育过程才能和经济发展产生互动，才会是高效率的传播与发展过程。

随着经济的发展，人民的经济素质与法律观念逐渐提升，就可以逐步减少政府干预，增加发挥民众参与市场经济建设积极性，更多依靠市场调节发展经济，必将大幅提高经济整体效率。

经济发展水平与思想认识水平的提高会相互作用、相互促进，当全体国民对我国经济发展的路线有了一个比较正确的认识时，我国的经济发展会发生更大的跨越。政府的认识深刻了，媒体的意识明确了，企业的观念更新了，百姓的觉悟提高了。政府迫于百姓的压力收紧资源，提倡简约的生活；媒体更新观念，倡导更科学的理念；企业迫于竞争的压力，加紧创新、奋力节约；第三产业响应市场召唤，进而得以大行其道。

（六）提升国家竞争力

经济全球化带来的必然是全球各国间的竞争。既然是经济竞争，一个国家在全球经济竞争中的地位与企业在市场上的地位没有本质差别。既然从事市场经济竞争，就必须遵守市场经济的规律。

1. 竞争战略

美国西北大学教授菲利普·科特勒讲的企业竞争战略共有三种：一是成本最低，二是差异化，三是聚焦。他的这些提法已很经典，经历了实践和时间的检验。

成本最低指的是在提供与别的企业相同质量的产品或服务时，本企业的成本最低。要做到成本最低，需要有别人难以超越的条件，今天的中国制造，利用了中国劳动力相对高素质、低价格的优势，使中国成为世界的加工厂。

差异化表面上看是说企业要生产与别人不同的产品，但是如何才能与别人不同，如何才能维持与别人不同，这才是问题的实质。事实上维持差异化的关键是要不断地创新。美国的苹果公司原本是一家做个人计算机的公司，它靠着创新商业模式和创新产品，强势打入了原本竞争十分激烈的 MP3 市场、智能手机市场、平板电脑和笔记本电脑市场。苹果赢得竞争靠的就是它的创新能力。美国从"二战"之后科技发展十分迅速，从最早期的纺织、钢铁、机械、汽车、电话、电子、广播、军工、化工、半导体、电视、计算机、核能等产业到现在的软件、集成电路、生物、互联网、移动通信、大数据、人工智能等产业不断发展。各个产业自身也经历了无数的创新与改进，正是这些创新使美国始终站在世界经济发展的最前列。

聚焦是指一个企业只做别人不愿去做或无法去做的某件单一的事情。但是，只做一件事情并不一定你就可以赢得竞争。如何才能做成一件事，而且长期赢得某一单一市场，需要企业具有先发优势或是资源、技术、经营等具有独到之处，并且占有该市场的大部分份额。美国的英特尔公司（Intel）始终只做计算机的核心处理器（CPU），它把这一件事情做深做精，始终站在这个领域的最前沿，占有全球这一市场80%的份额，英特尔可以在单一市场上长期独占鳌头，靠的是其先发优势和后继大量的研发投入，使得它可以始终保持他们生产的CPU总是速度最快、质量最稳定。瑞士这个国家很小，但瑞士有几样产品世界闻名，它的手表、军刀、重型机械经久不衰，瑞士人长期致力于自己擅长的少数传统行业矢志不移。

无论你采用那一种战略，最终市场的检验标准只有一个，那就是性能价格比高，或者叫作质优价廉。

2. 中国的核心竞争力

赢得竞争靠的是拥有核心竞争力，国家的核心竞争力无非是人、财、物。欧美国家拥有大量的经济管理人才和高科技人才，英国人拥有早年从全世界得来的财富，中东国家拥有埋在他们脚下的石油。中国在最近30年的飞速发展，正是因为中国成功运用了自己的核心竞争力。中国曾经没有美国那么多经济管理人才和高科技人才，但是中国拥有相对较高素质且廉价的劳动力资源。相对较高素质劳动力资源的形成，是中国数千年重视文化教育和新中国成立以来教育普及的结果。中国从两千多年前的孔子时候开始就有重视文化教育、崇尚文化学习的古风，传承至今在广大民间根深蒂固。新中国成立后进行了大规模的文化扫盲运动，教育普及程度相对发展中国家高很多，新中国的老百姓无论贫富，或生活在何处，他们只要有一丝可能性，也要供养自己的孩子去上学。正是这样的传统力量，造就了今天我国相对于其他欠发达国家，拥有较高素质的数以亿计的劳动者。我们只需要看看非洲或者印度就已经很清楚了，他们的劳动力远比我们更加廉价，但是他们的素质不能胜任现代企业对劳动力的需要。

相对质优价廉的劳动资源，主要来源于中国广阔农村和中小城镇低廉的房屋造价与生活成本。改革开放之初，数量庞大的农民工群体在城市并没有可持续发展的条件，他们只能是在城里挣钱，回到农村养老。他们年轻时在城里只能挤在条件十分简陋的工棚或集体宿舍里，那时，几乎没有哪个农民工在城里买得起房子，长久扎根下去。如果没有广大农村作为低廉生活的依托，中国在发展的早期也就没有相对廉价的劳动力资源。与国外相比，中国的知识阶层的生活与学习成本相对国外也仍是很低的，他们中有些来自农村，有些来自城市。虽然这几年随着特大城市房价的飞速上涨，生活成本不断提高，但与人口的总体数量相比，特大城市居民的人口数量仍然只占全国的少数。不过，房价继续上升和城市不断扩大，必将持续提高我国人民的生活成本。用不了多久，中国的低成本优势将丧失殆尽。

我们的过去说明，我们能够赢得世界劳务竞争的根本是我们百姓的素质相对其他欠发达国家更高。我们要赢得今后的世界竞争，依然也只能依靠我们全体人民的素质提高。

3. 提升教育的效率

要高效率地提高全民的素质，重要的是要提高教育的效率，我们今天的教育与国家的发展严重脱节，教育的效率还很低，很难满足国家发展的需要。先来看一个实际的例子，就可以清楚地反映出我们今天的教育状况了。

笔者由于工作关系，十多年来经常天天带着一些重点高校的研究生，撰写研究报告，但体会到大约三分之一的研究生文字表达存在严重缺陷。有的学生写一小段文字都让人无法理解，找其来讨论后才知道他要表达的是什么意思。这些文字表达反映出的不仅是语文问题，还有逻辑问题。与其他老师交流这类问题时，他们都有同感。我相信很多曾经带领过刚毕业大学生一起工作的人，都会与我们有同样的感受，这类现象非常普遍。为什么有这么大比例的研究生的语文水平如此之差？这样还怎么能奢谈教育的效率？

反思这样的教育结果，我们的问题一定发生在阶段教学目标与学生成长不吻合的无效教学上了。按照现代心理学的理论，人的心理成熟是有特定阶段的，在某项心理特征的成熟期到来之前教也无用，在成熟期到来之后，再想提高已很难做到，人的智力发展也有一个由简而繁的过程。

我们需要对照研究孩子各阶段的培养目标与培养效果，如果我们对于人的各阶段的教育可以按照人的心理及智力成熟的特定阶段设定合适的教学目标，而不是揠苗助长或是亡羊补牢，相信我们的教育效率将会得到大幅提升，就业需要的那么多素质要求，也就不会老是处于教育的空白之处了。

彻底改变学校教育及幼儿园教育的现状，需要政府组织研究、试验和改革。不仅国家教育需要改革，企业为了提升自身的效率，也应该重视对员工进行素质培训，用职工身边的实例教育员工提高素质，会起到事半功倍之效。

只有当我们的教育能够适应国家各项发展的需要，适应社会发展、经济发展、职业发展、人的发展的各项需要，我们的劳动生产才会有较高效率的，我们的国家才能具有较高的国际竞争力。

4. 创新需要基本条件

创新在我国已经被宣传倡导了许多年了，这方面的演讲、文章和书籍不计其数，但很少见到能把创新讲明白的。在一个社会中，创新的发生需要有两个要素，首先，需要善于创新的人。其次，需要鼓励创新的机制。实现这两点与政府、企业和个人都有关。善于创新的人需要国家注重培养和个人的主观努力，鼓励创新的机制则主要依靠政府和企业来提供了。

（1）创新者需要具备什么？

善于创新的人首先是具有创新精神的人。"新"就是不同于"旧"，就是要跳出"旧"的限制，以全新的视角来看待问题和解决问题。只有具备创新热情的人才能想得起来"跳"，才能开始改变，这是创新的出发点。善于创新的人还需要掌握创新的思路与方法。要跳出旧的限制而不出错误，就必须彻底理解"旧"之所以存在的条件或原因。现在我们要破旧立新，其可行性就在于"旧"得以存在的条件在当下发生了变化。原来是矛盾的主要因素如今变为非主要因素了，而原本不存在或是非主要的因素，如今上升为矛盾的主要因素了。只有看清楚了这些变化，创新的成功才能具有较大的可能性。这就是创新的总思路和总方法。

对于创新者来说，有些问题是明摆在那里的，有些问题却并不明确。在创新中对于一个难以解决的问题，分析和判断问题是关键点之所在。而发现问题需要的是清晰的分析能力和敏锐的判断能力，清晰的分析需要严格的逻辑和缜密的思维，敏锐的判断更需要具备足够高度的视角、正确的价值观、广博的知识和对知识深刻的感受或体会。创新不会一帆风顺，往往需要坚持不懈地反复实验才有可能获得成功，这就要求进行创新的人具有坚忍不拔的顽强毅力。

综上所述，一个善于创新的人需要具备创新的热情、思路与方法，还需要清晰的分析力、敏锐的价值判断能力和顽强的毅力。当然，创新有风险，还需要勇敢的魄力。需要强调的是，在这其中最重要的是热情，没有这个基础，就没有其他各项了。

（2）如何培养善于创新的人？

一个善于创新的人需要具备的全部素质，大多源于孩提时代，并在后来的学习与工作中发展长成。热情源于兴趣，分析源于思考，判断源于价值感觉，毅力或胆量来自坚持或拼搏带来的成功。

在学校教育和企业工作中，老师或领导应鼓励年轻人发现问题，深入思考，标新立异，百花齐放。学校的创新教育要体现在课程的内容中和课业的评价中。在企业工作中遇到任何问题，领导们要动员全体员工出主意想办法，谁的主意好就采用，谁的办法有效就奖励。鼓励就是最好的教育，创新重在树立榜样，没有榜样就不会有更多的创新。作为希望成为善于创新的人，要时刻注意观察思考周围的人与事，经常多角度思考问题，并勇于做尝试。

（3）创新需要什么样的机制？

这里不谈科学研究，单论应用创新。让我们设想，你有一大群善于创新的人，如何才能发挥他们的聪明才智，创造一个崭新的世界呢？其实也很简单，无非就是：让他们知道需要创新什么，正确评价与奖励创新价值，保护创新的知识产权，助推创新得到应用，宣传有成果的创新榜样。

在西方世界中，专利是保障创新的最有效机制，知识产权主要通过专利进行保护与传播，创新的价值通过市场来评定，专利机制是一个让千万"伯乐"发现"千里马"的机制。专利具有两大作用，一是保护，二是传播。几百年来，在发达国家已经形成了专利开发、申请、查询与转让的良好传统与习惯。在中国，专利是个外来物，政府采用了专利来保护知识产权，但是并未形成专利查询与专利转让的良好传统与习惯。我们的专利传播主要靠专利持有人自己努力，很少有企业在遇到技术问题时，去查专利或谋求专利转让，大多数企业在遇到技术问题时，第一要做的事就是组织开发。根据国家专利局网上公布的统计数据，2011年全国授权专利883861件，2012年转让专利16052件，仅占上年授权量的1.8%。一面是很多专利躺在专利局睡大觉，另一面是企业大量进行重复开发。专利的效用只发挥了一半，起到了保护作用，却鲜有传播作用。

既然企业没有这样的传统与习惯，传播只能由政府来做了。对于已经形成的专利，政府应利用行业展会进行宣传，搭建网上专利交易市场，组织相关企业进行专利需求对接，免费邀请专利持有人展示与讲解自己的专利。对于采用他人专利的企业，政府应予以表彰和适度奖励，对于已取得成果的专利转让，政府应予以广泛宣传。政府专利工作的重点应该是促进专利的转让，而不单单是鼓励专利开发，只要专利转换有了成效，专利开发必将更加活跃。利用这些促进方式，逐渐培育国人重视专利的开发与应用。

对于创新来说，需要传播的不仅仅是已经形成的专利，还有需要创新的需求。政府应该利用互联网分门别类广泛征集与发布创新需求，只要是不涉及国家机密的创新需求，都可以放到网上发布。有些有经费支持的研发项目应该公开招标，研发项目招标需要改革现有机制，保证禁止"出卷""答卷""判卷"者均属于同一体系的现象。

企业应当在自己内部实行类似专利的做法，利用企业内部的内联网分门别类（管理、营销、技术、工艺、设计等）收集和发布创新需求和创新方案，对公布的创新予以内部知识产权保护，鼓励跨部门开发与采用创新方案，解决"伯乐"与"千里马"不在同一团队的问题，对于实施有效创新方案的采用者、开发者和提出需求者都要进行奖励（这一点与社会不同），尤其要奖励采用者。对于一些不涉及企业机密的创新需求，还可以向全社会公布于众，同时公布奖励办法，不拘一格求得外界的支持，如有外界创新被采用，无论是否刊布于征集之列，应如约予以外部创新者提成奖励。如果企业鼓励创新的机制得以实施，势必充分调动员工的创新积极性，促进员工的学习热情，提升员工的工作素质，进而涌现更多的创新，如此的良性循环一旦运转起来，我们的企业必将无往而不胜。

5. 四大创新平台

专利、专业期刊、国家创新体系、企业创新体系都是科技创新的平台。但是我国的这些创新平台还存在着很多的缺陷，使得这些平台原本应该起到的作用被大大地削弱了。全世界的发达国家都存在着上述四大创新体系，也正是借助了它们的力量，人类才得以获得今天的科技成就。我国最近 40 多年发展很快，学习了大量国外的经验，但与此同时，也恰恰是因为我们在短时间内学的东西太多了，很多事情只是简单模仿，没有学到其精神实质，很多在国外行之有效的方法，到了我们这里就不那么好使了。下面我们分别分析一下世界四大创新体系的精神实质，及其在国内存在的问题。

（1）专利体系

专利体系就是一个创新平台，这个平台的核心要义是让创新需求者去发现创新提供者。专利运用得好就会产生千千万万个"伯乐"，发现千千万万匹"千里马"。要使专利体系发挥其对科技创新应有的拉动作用，最重要的是要促使专利的发明者与使用者结合起来。专利被使用得越多，专利的发明者就会越多，从而进一步促进专利的使用。

我们国家近年来积极鼓励企业和个人申请专利，专利的数量急剧增加，但是，除了企业自己申请的专利自己使用之外，被转让使用的专利数量却很少。这样的问题恰恰发生在对转让专利缺乏重视上了。我们的企业在遇到问题的时候会组织科技开发，或是到国外去买现成的技术，很少有企业会想起来通过查找专利来解决问题，更少有企业未雨绸缪，组织力量去专利堆里寻找企业的未来。之所以会是这样，究其原因是因为我们的企业没有形成转让专利的习惯。在国内很少听说过哪家企业因为使用了别人的专利而发展起来了的案例，这也正是我们对于专利转让宣传欠缺的表现。国家近年来很重视专利申报、受理和授权的数量，做了一些工作，专利授权的数量有了很大的提高，其实，真正应该重视的是专利的转让，转让量上去了，就会有更多的人，有更高的积极性，创造出更多的专利。

国家应设立专利使用的高级别大奖，只发奖状不发奖金，对于因转让使用专利获得大幅进步的企业给予很高的荣誉和大力的宣传，由此逐步培养企业使用专利的习惯。这一习惯一旦形成，中国作为创新大国的梦想旋即成真。

（2）专业期刊

学术期刊是科学体系规定的科学筛选器，这个筛选器目前存在很大的问题。如今的悖论在于期刊必须要少花钱多挣钱。按照资本的市场规律，少花钱条件下，评委的水平就会下降，多挣钱就要追逐发行量，发行量大了势要必讨好大众追逐时尚（即使是在学术圈内也有时尚），这样一来就再也难言科学创新了。

（3）企业创新

在国内一提到企业创新，大家就会想到科技研发，成立一个研发团队进行技术开发。不错，科研开发的确是创新的一股不可忽视的力量，不过，也仅仅是一股力量而已。在当前我国高速发展的时期内，企业大都存在着大大小小的众多问题，每一个问题的解决都可以为企业带来创新产品、改善质量或提高效率等方面的进步，从而提高企业的竞争力。然而，这些问题散落在企业的各个角落，只有走当年毛主席的群众路线，依靠群众、相信群众、组织群众、宣传群众，由广大群众来创造、由广大群众来使用，依靠众多的创造者与使用者才能得到解决。

创新是用来解决问题的。问题从发现到解决要经历发现问题、提出方案、运用实施三个阶段。在日常的工作中往往存在发现问题的人不能提出方案，提出方案的人不能运用实施，有能力运用实施的人得不到解决方案等，这些不完善的组合打破了创新实现所必须的完整链条，使得创新难以实现。只有当"千里马"所在单位的领导是"伯乐"时，才能够被发现，也只有"伯乐"领导的属下真有"千里马"时，"伯乐"才可以有所作为。现实中，"伯乐"直接领导"千里马"的概率很低。如果可以把这三个分散的链条统合起来，创新将可以顺利实现。

世界著名的宝洁公司（P&G）在它的网站上有一个创新平台，吸收来自全球的好建议，建议一旦被采纳将予以重奖。但是实际上这还不是一个全面的创新平台，它仅仅在吸纳建议这一方面起到作用，并没有解决调动"伯乐"积极性和提高"伯乐"识别能力的深层次问题。如果一家全国性的大公司设立一个网上的内部创新平台，分别设立技术、管理、营销等不同专门的栏目，全公司所有员工都可以把自己发现的问题和创新的建议发到对应的栏目中去，也都可以解决别人提出的问题，或是采用别人的建议并标出成果。每年一次由公司最高领导组织创新评比，选出实际使用中创造价值最高的创新内容，对问题的发现者、创新的发明者和方案的使用者都由最高领导颁发奖励，并且在今后的提升任用上重点考虑。这样的内部创新平台的核心要义，仍然是激励千千万万个"伯乐"，去发现千千万万个"千里马"。把问题提出来放到网上，可以提示善于提出问题的人提出更多问题，让善于解决问题的人和有权利解决问题的人，看到问题的存在，激励大家去解决问题。把解决方案放到网上可以帮助有权利解决问题的人找到答案，提示善于解决问题的人提供更多解决方案，可以督促有权利解决问题的人，攀比采用高效的创新方案，形成扩大效应。把创新的应用成果放到网上，督促有权利解决问题的人们，争先采用原本可能被本单位领导埋没的方案，尤其是对拿出解决方案者所在单位的领导督促作用更大。这就相当于把原本窝在某个角落里的"千里马"或"伯乐"放到网上，展示给可能潜伏在全企业任何地方的"伯乐"或"千里马"。

奖励实际使用中创造价值最高的创新，是一个实事求是的发现"伯乐"的机制，体现了实践是检验标准的原则。在这样的平台上，被采用的创新可能很多，但也会有很多效果并不大，只有一部分在实际的使用中成效显著脱颖而出。这个发现"伯乐"的机制可以避免原本不是"伯乐"的人，被人为错误地放到了"伯乐"的位置上，或是用投票的方式，淘汰了最佳方案，可以最大限度地避免好方案被埋没。由最高领导组织评比颁发奖励，有利于发现人才，有利于在全公司推动人人争相创新的风气，形成人人重视创新，重视学习的氛围。有了这样的机制，企业在市场竞争中，必将立于不败之地。

（4）国家创新

在世界上的所有发达国家中，国家主导的科技创新都是科学技术发展的一支主要力量，我国设有"863"计划、"973"计划等高科技项目发展机制，每年国家和各级政府都拿出数量可观的经费，支持各级各类科技创新。这些研究创新的成果已经有很多用在了我国的工业、农业、国防等各个领域，对我国的经济的现代化发展起到了很大的推动作用。尽管如此，在国家主导的科技创新体系中仍然存在着很多不尽如人意的地方。

当前，在我国国家主导的科技创新体制中，存在的最大缺陷就是出题的人、做题的人、判题的人往往是同一梯队的人或是同一个导师宗派的人。这种做法的最大弊端是做题的人没有压力。国家提出的课题必然是难度最大的题目，缺少压力是很难做好的，出题者可以判题，绝不可以做题。这个缺陷在科技不发达的时候是难以避免的，因为对于难度很大的题目，一个国家可能也就只有很少数的人能够搞得明白，但是，科技发展到了一定的阶段后，情况就会大为改观。今天我们国家各门类的大学与研究机构已经院所林立、数不胜数，早已不该是个别学阀一统某个领域的时代了。竞争是市场效率的根本，也是研发成效的源泉。国家应制定明确规章作为铁律，规定项目的建议人、投标人、评标人不得属于同一导师宗派体系，项目的执行人与项目的鉴定人不得属于同一宗派体系。鉴定专家必须由甲方直接选定，甲方出钱聘请，甲方的立项者与甲方的结项者应属于不同机构。以避免上面提到的问题。

制定严格的审查制度，对于研究经费在一定限额以上的课题每项必查，严厉查处违规者。国家科技主管部门应设置必要的体制机制来保障国家创新。没有严格的机制作为保障，大量的研究经费很容易就把科技研发专家变成高尔夫球场上的公关专家了，经费越多速度越快，长此以往，其结果必然导致全部大学与科研机构的学风不正。没有严谨的学风，谈何科技创新？

（七）科学发的展观

科学发展观不应仅仅包含经济的科学发展，还必须包括人类社会的科学发展，科学发展的基本要求是可持续发展，这里包括了人的可持续发展，社会的可持续发展，经济的可持续发展，资源与环境的可持续发展。背离了这些可持续性，就根本不可能是科学发展了。市场是建立在理性人（经济人）自私自利基础之上的体系，这就注定了彻底依靠市场发展下去是与人类进化相矛盾的，是与人类的人性发展相矛盾的，是与人类文明发展相矛盾的。人类利用市场发挥了人们自私的效用，给人类带来了财富与知识，但是，绝对的自私将使人类返回到非人类的动物世界。

经济可持续发展不仅体现在资源与环境方面，也表现在产业的更新与升级之中，现在世界上许多新兴产业已经发展过度，表现出不可持续的态势。今天的金融衍生品、商业化大型电子游戏、人工智能武器、各类奢侈品与过度舒适的生活等，已经表现出了这样的特点。这些都是市场最新的产物，但是它们都与人身及人类社会的可持续发展相抵触。市场的特点是只要能赚钱，就会有人去做，有人去片面鼓吹，市场的极端化发展必须引起人类的高度重视，必须受到相应的限制。

世界发展是不均衡的，各国的科学发展含义不同。有些国家或地区已经十分发达，与此同时还有许多国家或地区还很原始，发达国家需要考虑人类应该何去何从的问题，欠发达的国家和地区需要考虑如何追赶发达国家，使人民获得富有的生活。

1. 地区经济的发展过程

一个地区的经济发展往往起步于劳动密集型产业，原因是欠发达地区缺少具有很高职业素质的人。在经济全球化的今天，即使从事劳动密集型的生产也是有起步条件的，条件是这些劳动力在全球范围来看，具备相对较高的职业素质（必须是合格线以上的素质）和低廉的成本。一旦具有这样的竞争力，在外部环境容许的条件下，这个地区的经济发展将会起步，并会逐渐上升。随着经济的发展而来的会是当地生活水平和生产成本的一步步提高，主要体现在房地产价格的上升。在一个区域内，当地所提供商品或服务的总价值上升后，当地的土地及建在其上的房屋必然涨价。当生活成本上升到一定水平，这个地区不再适合劳动密集型产业，就必须进行产业的升级换代。下一代应该是资金密集型产业或高科技产业，然后是服务业，金融业是服务业中的最高端。

一个地区的产业不断升级换代，在那个地区的老板就会把企业转移到成本较低的地方去，成本降得越低，老板们挣到的钱才能越多。但是对于当地无资可投的打工者来说，他们的工作范围越来越小，竞争越来越激烈，整体来讲绝大多数人挣到的钱相对越来越少，美国今天正处于这个状态。

2. 科学发展的基本要求是可持续

经济发展就是利用资源赢得竞争，达到富强。可持续的关键在于资源与发展目标的一致性，或者说资源足以长期支撑发展目标。

有些发展看似不可持续实则可持续。1978 年邓小平领导中国进行改革开放，不改革没有出路，坚持摸着石头过河。只有生存了才能再谈发展，不过，一旦获得了生存，一定要再谋发展，不然就又是不可持续了，所以发展是硬道理。

有些发展看似可持续，实则不可持续。有许多建设项目看似符合利用本地资源来发展经济，但是具有很严重的污染后果。发展这样的项目必须考虑到污染治理的成本。还有一些项目，他们的出台就意味着资源的巨大消耗，这样的项目也是无法持续的。

印度有着众多的人口，2008 年塔塔（Tata）集团开发出一款名为"Nano"的小轿车，定价 10 万卢比（2500 美元）。这样便宜的小轿车在印度这样的人口大国中发展起来，数量会非常巨大，用不了多久就会把全世界的石油消耗殆尽。可与"Nano"小轿车相对比的，还有"Nano 之家"。据国际先驱导报 2009 年6 月 2 日的报道，印度的塔塔集团在推出全世界最便宜的汽车"Nano"后，正在准备推出全世界最便宜的住房。被印度媒体称为"Nano 之家"的塔塔房地产项目位于孟买市郊。主打户型为面积 283 平方英尺（1 平方米约合 11 平方英尺）的一室，售价合 5200 英镑（1 英镑约合 10.3 元人民币）。另一种是总价合 9000 英镑、面积为 465 平方英尺的一室一厅。在这个人口众多的国度中，这个住房就要比那个汽车更可持续许多了。

中国的华北地区严重缺水，以北京为例，据中国水网的调查报告，2008 年北京市总用水量为 35.3 亿立方米，其中地表水 5.7 亿立方米，地下水 23.4 亿立方米，再生水 6.2 亿立方米。众所周知，地下水是不可再生资源，如此大程度上依靠地下水资源，这样发展如何可持续？北京市多年来地下水位持续下降，降落漏斗逐年扩展，水资源逐步耗竭，地下水水质呈恶化趋势，地面沉降范围及沉降量扩展迅速，湿地退化等环境地质问题日益严重。可是就在这样的环境条件下，京津地区仍在大力投资发展经济，这会使大量寻求工作的人群不断涌入这一地区，大量在外地挣到钱的老板也会涌入这一地区买房投资，造成水资源的进一步紧缺。

今天的发展越快，今后的困难就越大，这样发展下去只怕将来即使南水北调也解决不了问题。北京市搬迁首钢公司已经有过艰难经历和巨大牺牲，仍然不能很好吸取教训。在中央提出可持续发展 10 多年后的今天，首都及周边的可持续状态尚且如此，更何况全国？

可持续发展不仅取决于各地区自身的条件，同时还要受到来自环境变化的挑战，受到竞争的、动态的、不断的挑战，所以，必须要让人们理解科学发展并执行。可持续发展的确比较困难，远虑与近忧永远是一对矛盾，尽管这个"远"已经不那么遥远了。科学发展需要有相应的机制、制度与法律来保证，在以 GDP 为主的政绩考核之下，永远都不会有科学发展。科学发展取决于领导对于科学发展的认识程度和重视程度，更取决于必要的体制与机制的保证。

3. 可持续的发展要素

与企业一样，要赢得可持续的全球竞争，任何国家或地区必须明白自己所处环境的机遇与挑战，必须明白自己相对于竞争对手的优势与劣势。审时度势，树立恰当的目标，准确地抓住机遇，积极应对挑战，正确地发挥和利用优势，规避或转化劣势。机遇与挑战存在于自身与周边的政治、经济、社会、文化与技术环境的发展变化之中。只有在认真细致地研究了自身与周边乃至全球范围内环境的发展变化，确立的发展目标和发展途径，才可能是科学可持续的。

对于一个国家或是地区来讲，优势与劣势主要是指各类资源，自然资源有江河、湖泊、海洋、矿藏、土地、森林、草场；基础设施资源有电力、道路、铁路、车站、机场、港口、网络；农牧资源有农林、牧渔、土特；工业资源有轻、重工业；服务业资源有金融、商贸、咨询、通信、市场、物流、设计、旅游、广告，等等。在所有的资源当中，最重要的资源是人们普遍的综合素质。当年深圳改革开放之初有一句口号是"时间就是金钱，效率就是生命"，现在应该再加上一句，素质就是效率。表面上看经济发展源于效率提升，其最根本的实质就是人的素质提升。现代社会需要人们的综合素质，其中主要包括：和谐的社会观念，诚实守信、团结合作、勤劳努力、遵纪守法、礼貌尊重。高效的经济观念，效率意识、竞争意识、经营思路、管理理念。健康的审美观念，和谐、简捷、整洁、运动。积极的创新的观念，开放意识、追求深刻、不甘平庸、知识意识、理智逻辑。严格的科学观念，环境意识、资源意识、垃圾意识、污染意识、竞争意识、可持续意识。和朴素的生活观念，健康身心、理解和蔼、勤劳俭朴，等等。这些还只是最急迫需要提高的素质，难免挂一漏万。综合现代社会的所有要求，最重要的是要有人与自然天人合一的和谐观念。在一切资源当中，人是第一重要的资源，人的素质不提高，经济就难以持续发展。

各地区的领导务必了解，按照政府制定的发展目标，本地可以利用的资源能够支撑本地的经济建设走多远？如何才可以做到可持续发展？

（八）中国如何科学发展

中国现在的发展已经把祖上留下来的优异的"性价比"发挥到了极致，老本快吃完了，如何再往前走，能否更上一层楼是摆在我们面前的考卷。中国如何才能保持可持续的核心竞争力？中国的物质资源很少、人口众多，绝不能走美国人走过的高消耗的发展道路，只有在以低成本培养出数以亿计的高素质的人才的同时，保持相对高质量、低成本的生活方式，才有可能在全球化的竞争之中立于不败之地。

经济说到底是由人来发展的，世界上任何地区经济的发展都是因为那个地区人的观念的进步，但是人的观念的进步又来源于经济的发展，"鸡生蛋，蛋生鸡"循环往复。在"鸡与蛋"

交替发展当中，人的观念的转变更慢一些，有很多观念转变的时间是以一代人为单位的，观念一旦转变经济很快就会发展起来。这样的过程规定了，经济发展的步伐不会有太大的跨越，最多是小步快跑。让我们设想现在把一个具有一定资金实力的日本企业放在一个无资源的孤岛上会产生什么样的结果？以色列人在沙漠上种出的黄瓜可以出口到别的国家，具有国际竞争力。这实际上隐含了一个概念，就是"日本企业"或"以色列人"都是具有现代经济理念的团体。这可以说明，对于经济发展来讲，观念的转变比物质积累更重要也更困难。

1.快速低成本地提高全民族的素质

欧、美、亚的大国崛起无一不是靠教育来成就的，人才来源于教育。今天的经济发展需要的是数以亿计的人才，要培养出数以亿计的更高素质的人才。如何才能以更低的成本，培养出数以亿计的更高素质的人才？我们切不可小看教育（不仅仅是知识，更有观念和意识）普及的作用，更不能一提到普及教育，就是学校教育或是课堂培训。在网络面前，这些方法显得太古老了、太麻烦了、太昂贵了。今天的时代为教育提供了异常高效、能量巨大的工具，这就是信息网络，它包括：广播网、电视网、互联网、移动互联网。在现代社会中，社会的知识阶层逐渐变得越来越扁平，但今后相当长的时间里，社会的知识阶层依然存在，它是金字塔式结构。所有的观念传播，无论正确的或错误的，都只能自上而下传播开来，媒体在传播中发挥的作用巨大，媒体人事实上是人类灵魂的工程师，正是他们在带动着全社会观念的发展。尤其是在今天这样的网络化社会之中，只有媒体人的率先觉悟与进步，才能引领全社会的觉悟与进步。

人类发展的历史告诉我们，谁先会用工具谁赢得竞争，这里应该强调的是，先会用比先发明更重要。中国人发明了指南针，欧洲人用它装备了舰船；中国人发明了火药，欧洲人用它制造了枪炮。无论是正面经验，还是反面教训，会用工具的效果都是非常巨大的。今天虽然世界上已经有了多种网络，但现在这些网络主要被用于娱乐，还没有人真的会用网络来武装自己的国家和民族。利用网络这个极高效率的工具，把海量的现代知识、理念送进数以亿计的大脑之中，所发挥出来的巨大能量，必将远远大于孔老夫子交给我们的那少许文化所起的作用。

利用网络培养人才，缺什么补什么，效率极高、成本最低。谁先会用网络武装自己的民族，谁将赢得经济全球化的竞争。

2. 网络在城乡的作用

我国现在要扭转以出口拉动的畸形经济只能是扩大内需。谁都知道中国农村人口众多，市场潜力巨大。要把农村市场的潜在需要变为具有购买力的市场需求，首先需要解决的就是要让农村人民挣到钱，不解决这个问题就根本不可能扩大农村市场需求。我国农村人口众多，没有谁能够养活谁，农村的出路在于农民自己富裕自己。市场经济的巨大力量，就在于市场让每一个人自己养活自己。政府需要帮助农民解决目前农村经济的最大的问题，就是农民还不会挣钱的问题，解决他们一不懂市场和管理，二没有技术的问题。虽然说返乡的农民工当中，有些人有市场意识，有些人掌握了一定的技术，但是他们所掌握的经营理念和技术知识还不够多也不够深，需要有更多的人掌握更多更深入的相关知识与理念，才能够满足大幅度提高农民收入的需要。中国农村自古不缺聪明智慧之人，当前他们只是知识不足、观念落后，这些恰恰可以通过教育快速提高。榜样的力量是无穷的，向农民兄弟传播这些知识的最好途径就是向他们介绍他们身边曾经发生过和正在发生着的实际致富案例，介绍实用型的技术。中国农村地域之广，农民人口之多，发展经济的先进事例可以说到处都是。北京郊区的小提琴制造、深圳的油画村和温州的制鞋产业等都是素材。在中央和各地的广播电台和电视台已经有大量的可用资料。例如，中央电视台的"财富故事会"栏目就可以直接引用。

市场竞争已经替我们筛选出了最优秀的人才，我们的政府只需要把这些先进的事例逐级收集起来，利用电台、电视台、网络把这些先进的事例宣传出去，再动员一线的乡村干部，宣传组织广大农民积极参与其中，听广播、看电视、查网络，并养成习惯，就一定能把广大农村很多的普通人，提升为经营型或技术性的人才，把少量人才变成大量人才。如果各省都建立起专门服务农村的专用广播、电视频道和网站，专门用于广播报道市场知识、实用技术和农民创业致富的相关案例，提高农民市场竞争力就不难了。

利用网络进行宣传，不仅适用于农村而且适用于城镇，只要是面对众多的人群所进行的宣传，各类网络都是最高效率的工具，上述所有面向农村的各类网上宣传对于城镇居民同样适用。我们要做的是正确地整合内容，正确地组织引导各级各类民众，收听、收看、查阅与他们相关的网上信息，正确的内容整合形式与组织形式非常重要。利用互联网做科普的工作现在还很不够，但互联网作为最先进的传播手段，是不可忽视的宣传方式。互联网上图文并茂，在技术传播方面更有其独特的优势。随着互联网的逐步普及，互联网的作用也会越来越大。

3. 中国如何保持相对成本最低

最低的产业成本来自最低的生活成本，最低的生活成本来自最优化的生活方式，中国人要保持相对成本最低的优势，根本上还是要有更优化的生活方式。

我们现在有很多东西是从欧美学来的，但是，在欧美人的生活方式中还存在很多的浪费。欧洲人习惯穿西服，夏天在办公室里穿西服必须把空调开得很低，冬天在家里穿背心要把屋里的暖气烧得很热；美国人住在郊外到城里去上班，每天开着汽车来回跑，不仅耗费巨大的能源，也严重污染了环境。我们中国人也有很多不好的习惯。中国人喜欢灌酒、喜欢送礼、喜欢买名牌、喜欢吃补品……我们自己无端地抬高了自己的生活成本，结果却有害无益。真正的健康也不能只依靠医疗，要培养良好的心理状态，建立良好的生活方式，保持良好的生活习惯。医疗只能作为意外发生疾病或伤残的补充手段。现在有很多人拿药当饭来吃，这显然是利少害多，舍本逐末了，亟须正本清源。做到这三个良好，自然可以大幅度降低全社会的医疗成本，这才是保证全体人民身心健康的根本出路。瑞士是全球最富有的国家之一。一篇报道上曾说，在瑞士很少有人购买高档新车。到过瑞士的人都知道，瑞士的水资源十分丰富，从苏黎世到日内瓦，湖泊江河连成一片。瑞士政府向其百姓推荐一种煮鸡蛋的方法，因为这种方法更省水。许多欧洲人质朴的节约态度值得我们学习，这是一种境界，平淡的境界、充实的境界、环保的境界、可持续的境界。

今天的地球已经不堪人口激增之重负，环境已成为越来越严重与紧迫的问题。我们的物质资源相对于我们的人口总数，实在是太贫乏了，我国连水都严重缺乏，更不要奢谈其他。这样多的人口，这么差的物质基础，不容许我们有很高的物质消耗。我们需要重新考虑城乡架构，重新设计生活方式，重新优化幸福因素，从最高层面把有限的资源发挥到极致，让有限的资源为国民提供最有价值的福祉，并为子孙留足福泽。

教育、住房、医疗是人们一生中最大的开支，这三件事解决好了，我们才可以建立相对低成本、高质量的生活。科学地引领国民最优化的生活方式，将会造成世间最大的成本节约。

4. 必须不断创新

科技创新和管理创新是创造新产品、提高效率和降低成本最重要的源泉，是社会经济发展的根本动力，是人民生活水平提升的依托。走创新之路必须要依靠全国人民的智慧。广大的民众中蕴藏着巨大的创造力，中国革命的成功靠的就是这条路线。今天有了网络这一利器，宣传教育广大人民群众的效率可以大大提高。把来自群众的经验，传播给更多的群众，广大群众中深藏的巨大创造力将会被成千上万倍地放大出来。

5. 不要盲目地追求成功的速度

近些年来，我们已经习惯了快速成功，拿来就用，不求甚解。养成了一个拿来就用，不做深入思考的习惯。依葫芦画瓢、不求消化、浮躁妄言的浮夸作风日益昌盛。但我们发展到了今天，可以直接拿来就用的东西越来越少了。在这样的时刻，我们如果还不能有所改进，力图立足自己从根本上看清全球经济的大格局，将是十分危险的。没有"火眼金睛"，就只有"眼冒金星"了。我们必须把心智深沉下去，深刻思考与寻找到真正决定全球经济大格局的根本规律，解答了深层次的问题，才能在今后的竞争中赢得主动，避免拉美、日韩和东南亚经济发展的问题在中国重演。

几百年来欧美产生了很多巨匠，牛顿、爱因斯坦、亚当·斯密、凯恩斯、康德、黑格尔、马克思、弗洛伊德、马斯洛等，正是借助他们的头脑，人类的智慧得以大幅提升，欧美也随之成为世界上最先进、最富强、最发达的地方。今天，我们中国随着经济的发展，文化事业空前繁荣和普及，随之而来的必将是我们中华民族对世界深入的思考与透彻的揭示。

6. 持续发展制造业的竞争优势

世界经济全球化的实践告诉我们，产业从发达地区向发展中地区的转移，不该是无限度的转移。美国人的外债越来越高，英国人对金融业的高度依赖，都是他们多年来将低端产业过度转移外迁的结果。中国应该吸取发达国家的教训，当我们的生活水平提高之后，不该是简单地把劳动密集型产业转移出去，而是通过技术和管理的创新降低成本，留住污染少的劳动密集型产业，否则我们数亿劳工将面临生存危机。中国这样的人口大国，不适合仅仅聚焦高端产业发展，还必须做强坐稳自己的制造业。

站在当今制造业的基础上看，与其他行业相同，制造业所需占有的竞争优势也只能体现在"新"与"廉"两个方面。所谓"新"就是适应市场需要的优质新型产品，所谓"廉"就是具有市场竞争力的相对低廉的价格。进一步来看，"新"代表了优质的新材料、新工艺、新设计、新创意；而"廉"代表了低消耗、高效率或低价格。这两个方面说起来容易，真正做到"新"与"廉"牵扯到的因素就太多了。要真正做到"新"，政府该怎么做？企业该怎么做？个人该怎么做？以及如何才能做到真正的"廉"？

（1）历史告诉我们

在回答这些问题之前，先让我们简单回顾一下，迄今为止的中国制造是如何形成的，看看中国作为今天的世界工厂凭的是什么。

中国 1978 年改革开放正赶上世界的全球化浪潮风起云涌，发达国家的制造业纷纷逃离劳动力成本较高的本乡本土，选择在劳动力成本较低的发展中国家设厂，进行生产制造。无论在 20 世纪 80 年代还是在今天，中国都不是世界上劳动力成本最低的国家，但是，发达国家的企业把最多的生产制造厂设在了中国，使得中国变成了"世界工厂"。这不仅是因为中国的劳动力成本相对较低，更因为中国的劳动大军具有与工作相适应的基本职业素质。也就是说，中国在这场制造竞争中胜出的原因是中国劳动力的质优价廉，以性价比高于亚非拉的其他欠发达国家而取胜。那么现在我们知道了，中国劳动力性价比高，源于新中国成立以来进行的大规模文化扫盲运动和两千年来中国的文化传承，这质优价廉的核心竞争力，是经历了两千多年的积淀才形成的。

经历了40多年的改革开放，中国已经变得比较富裕，人民生活的水平不断提高，随之而来的必然是劳动力成本的提升，中国劳动力价格低廉的时代逐渐将成为历史。今后，随着人民生活水平的不断提高，中国劳动力价格必将不断提升，低价优势不复存在。中国的制造业若想继续立足于世界，唯有依靠提高劳动效率这条路可走了，而劳动的高效率只能来源于劳动力的高素质。

（2）劳动者的素质

进入21世纪以来，我国产业开始升级换代，新兴产业对于劳动力的素质需求不再只是能写会算那么简单了，今天几乎所有行业的所有劳动，不论是体力劳动或是脑力劳动，都必然有更复杂的素质要求。从我们每个人的工作当中不难看到，这些素质包括：勤劳、纪律、效率、整洁、负责、严谨、学习、创造、协作、沟通等，这其中最重要的、最基础的，也是要求最高的就是沟通。就让我们仅以沟通为例，来谈谈工作素质的相关问题。

沟通是所有脑力劳动者每天大量进行的事情，也是体力劳动者经常进行的事情，是所有工作改进的途径。人与人之间的沟通是人类超越其他动物的根本原因。职业素质优秀的人都是沟通能力很强的人。如果某项改进需要经过5个环节的沟通才能完成，沟通效率仅提升10%，那么进行这项改进的效率就会提升 1.1 的 5 次方，即提升 161%。我们每天的指示、汇报或文山会海，这些事无非是利用沟通改进我们的工作，每一项改进所需的沟通环节何止 5 个。如果沟通效率不仅提升 10%，而是提升 20%、50%、100% 或者更多呢？沟通效率提升对于工作效率提升的作用之巨大可想而知。理想的高效沟通需要进行沟通的人在沟通事物所涉的知识掌握水平比较接近。对于正在沟通的相关问题的多种可能性曾有过思考，并具有广泛和深入的知识积累。更重要的是，各自都能站在对方的立场上，充分尊重对方的观念，认真深入地理解对方，而不是强调自我且试图批判对方。这些需要都建立在很高的素质要求的基础上，只有达到这些要求，才能达到比较理想的沟通状态。我们每个人只要想想每天发生在我们周围的大大小小的事情，就不难认识到，我们今天的状态，距离这样要求的差距。

没有沟通，谈何学习？没有学习，哪来的创新？社会的、经济的、产业的各类发展说到底就是人的素质的发展。令人遗憾的是，我们今天的各项职业素质，都如同沟通效率一样的低下。职业素质的低下，才是我们今后发展的最大敌人。赢得竞争发展经济的根本出路，在于提升民众的素质。正如陆游在诗中所云："汝果欲学诗，功夫在诗外。"

许多发展中国家发展到一定程度，就会陷入中等收入陷阱，这其中最主要的原因就是人的素质不足所造成的，在经济转型中所发生的效率提升困难。中等收入陷阱发生的原因主要是低端制造业转型失败，低端制造业可以带来少量中等收入者，但是伴随而来的污染、低质、低价，都是恶性循环。低端制造改成高端制造，才能大幅提高收入水平，但这其实只是经济发展的现象。实现经济转型的根本却是提升工作效率，只有工作效率的提升，才能赢得高端制造业的竞争。要实现工作效率和质量的提升，就要求企业的经营、管理、技术等各方面的全面提升，同时要求劳动者的素质有跨越式提升。

（九）经济发展的限制

任何发展都不会是无限的，事物的发展也总是会有利和弊两个方面。市场经济大发展也是同样，在经济发展的各个不同阶段，存在着不同的矛盾和不同的限制。市场并非万能的，人类既要利用市场，又要掌握和驾驭市场。

1. 资源环境的限制

全球现有人口 70 亿。人类经济的飞速发展，使得人类自身的生存条件获得了极大的突破，这一切得益于以青霉素为代表的现代医药，大幅降低了人类的死亡率；得益于人类培育的种子、人造的化肥与农药，为人类提供了丰富的粮食、蔬菜、水果；得益于高度科学的人工饲养，为人类提供了大量的肉、蛋、奶、鱼、虾、蟹；得益于水泥为人类提供了坚固的住所。总之，得益于科技带动着经济的高速发展。尽管如此，巨大的人口数量已经使得地球不堪重负，巨量人口导致淡水、石油等自然资源正在逐渐衰减，化肥造成的土壤板结与毒化，人类生产与生活造成严重的环境污染与大气变暖，都使得人类正在脱离可持续发展。北京在 1949 年约有 200 万人口，今天已经超过 2000万。现在人均生活用水量是那时的数倍，北京现在的重要水资源是地下水。北京市郊区水务事务中心的研究文章显示，2011

年北京市平原地区地下水平均埋深 24.94 米，比 1980 年下降
17.66 米。有谁知道这地下水的埋深再下降 10 米或 20 米，还能
打出水来吗？

全球除了少数发达国家人口自然下降之外，很多国家的人
口仍在大幅攀升，随着不发达国家或地区的脱贫，世界人口还
将大幅增长。人类在改造生存环境走向文明的同时，没有考虑
到设计超越自然限制和自然选择后的对冲机制。

2. 人类自身的限制

人类原本是地球大自然的一分子，在两百万年的进化当中
与自然形成一体。近几百年来，经济的高速发展使得人类的生
活环境发生了巨大的变化，人类正在按照自己的自由意志改造
世界的同时，也正在更大幅度地、加速地改造着自己。但是，
生物进化是以万年计数的缓慢过程，人的身体不可能在几十年
甚至几百年内迅速大幅度改变。越来越多的人注射胰岛素帮助
减缓糖尿病，使用血液透析帮助克服尿毒症，没有这些外部设
备的介入，患有这些疾病的人难以维持生命，这些外部设施已
经变成了这部分人身体的一部分。

野生动物保护的专家都知道，在把喂养动物放归自然之前，
要事先进行野生训练，不然动物放归自然后也无法生存。任何
动物从出生之后就开始为生存而拼搏，即使是幼小的哺乳动物
也要和兄妹争夺乳汁。这种拼搏精神正是所有生物生存的本
源。人类的进化正是把自身结合到自然环境之中的结果，人体
正是为这样的自然环境而"设计"的。人在炎热的状态下身体
的活力最高，有利于人们清理身体内的积弊；在劳累的情况下

人体才能强壮；人在饥饿的状态下拼搏精神最强；人在紧张的时候有利于调动人体各部的积极性。但是，如今人类在污染环境的同时，把自己放进相对闲散的环境之中，把自己圈养成脱离自然的动物。今天有越来越多的人患上高血压、骨质疏松、过敏症，等等，正是严重脱离自然的结果，越来越多的研究可以证明这一点。这些都是市场带来的过度商业创新所造成的结果。只要顺从人的愿望设计的产品就有销路，就有钱赚，就有人为之摇旗呐喊，为之拼力奋斗。人类顺着自己的意愿，一步步地得到了食物、饮料、衣物、住所、汽车、火车、飞机、电话、网络，等等。人类正在追求极度舒适、卫生、安全的生活，殊不知人类最需要的恰恰是追求本身，而不是追求的目标，一旦达到了这些目标，人类也就走到了追求的终点，从此将走向衰落。

3. 市场经济的限制

自私、欺骗、逐利、不均、浪费、污染都是市场的发端，也是市场的弊端，人类由市场而受益，也必然因此而获害。

市场经济的一块基石就是理性人（经济人），理性人就是"自私自利"的人。正因为市场中的每一个参与交易的人都是理性人，每个人都在为了自己的利益而努力竞争，市场才能够得以存在，市场是建立在自私之上的经济机制。公开承认和保护私人利益，在"看得见的手"和"看不见的手"的共同作用下，市场经济得到了空前的发展。与早年面朝黄土背朝天的劳动者相比，今天发达地区的人们正在享受着舒适、整洁、轻松、愉快的幸福生活，人们从市场中获得了巨大的利益。但这并不是说市场经济的本质没有问题，恰恰相反，市场中始终存在着尖锐的矛盾，它的利也正是它的弊，当经济发展到了一定的程度，市场经济中的矛盾就越来越突出。

市场价格的根本原则是你情我愿，不存在合理价格，所有卖家都希望卖出更高的价格，所有买家都希望以更低的价格买入。买卖双方都不会告诉对方自己的真实底价，交易中买卖的价格不会是透明的，换句话说交易本身的实质就是价格欺骗。但是，在市场上，价格无论高低，都不存在价格欺骗这一说法，因为价格的依据是你情我愿而非其他。也就是说市场认为，无论卖家采用什么手段让买家接受了价格，只要买家接受了这个价格交易就是互利的，对双方来说都具有最高效用的。市场和法律认定的欺骗只存在于功能、性能、质量和数量的承诺与实际不相符合的情况。将买卖双方互换位置，反之亦然。即使如此，市场认定的有关产品性能和质量的欺骗也经常发生，特别是企业对产品的片面宣传和夸大宣传几乎无所不在。存在于功能、性能、质量和数量的欺骗，在欠发达地区法制尚不完善的经济起步阶段尤其严重。而企业对产品的片面宣传和夸大宣传，则广泛存在于发达国家，例如名牌服装、箱包、首饰或化妆品，等等。所有这些都可以说是欺骗行为，现代市场促销的研究成果，更是强力推高了欺骗的水平。

迄今为止不存在完全的需要不足问题，否则人类也就无须发展了。几百年前英国人生产的布匹不存在需要不足，今天美国建造的房屋同样不存在需要不足，不足的只是具有购买力的市场需求。200多年前第一次发生布匹过剩的时候，并非每个英国人的布匹需要都得到了满足。同样，今天美国房产过剩，也并非每个美国人的住房需要都得到了满足。市场需求不足是相对于购买力而存在的，购买力来自参与生产所得到的成果分配，在有了货币之后就表现为货币的分配了。在一个封闭的社会里，在产品与货币等量的前提下，假如所有人都提供相等的劳动，如果不是有些人分到了花不完的钱，另一些人分到的钱不够花，那么，后一部分人就必然不会有市场需求不足了。按照还没有货币时的市场来说，每一个人偿付给别人产品的手段就是自己所持有的产品。因此，一切卖者同时也是买者。无论是萨伊还是穆勒，他们理论的前提都是分配没有被货币严重扭曲，超出了这个前提他们的结论自然也就无法成立了。

在市场上所有的投资行为都是受利润驱使的，要么有利可图，要么可以看到有利可图的前景，没有这些诱惑就不会有资本投入。市场的投资机制必须保证投资者获得满意的利益，也就是说在市场经济当中，资本必将得到足够的回报。这就是金钱更多地流向有钱人的原因。有利润的经济只有不断地增长，才能保证利润的最终实现价值，追逐利润的市场经济不能停止经济增长，一旦停止增长必然发生危机。但是金钱更多地流向富人，阻止了市场的扩大，扼制了经济的增长，所以市场经济必然会发生经济危机。市场上的投资行为多是隐秘进行的，许多投资者在不知道其他投资发生的情况下进行投资，盲目投资的结果必然造成过度投资，加速危机的发生。

老旧产品的市场比较平稳，由于边际消费倾向递减，无法带动经济增长。只有不断地研发出新的产品才能带动经济的不断增长。在这些新产品中有很多是人们并不需要的，资本逐利驱动市场为了增长而增长，势必造成许多由于刺激而发生的"需求"，这些原本无须的"需求"实际上是浪费，这些浪费必然带来额外的资源浪费和环境污染，必然遗祸地球，遗祸子孙。

污染问题是市场无力解决的"市场失灵"问题，生产废弃、生活垃圾、废旧垃圾所致污染的威胁，随着工业化、城市化、信息化的发展越来越严重，现在中国的很多地区已经存在很严重的水污染、土地污染和空气污染。

全球市场经济的发展有先有后，发达地方人们的生活水平很高，人工成本也很高，发展的结果必然是产业升级。最初是劳动密集型产业，随后是高科技产业和资金密集型产业，最后是金融产业。金融产业的使命原本是实现资本的最佳配置，然而，资本的最佳配置在金融的一级市场上已经完成了，如果说金融的二级市场还可以为一级市场提供退出机制，具有促进一级市场繁荣的作用，那么，三级及以上市场已纯属金融游戏，现在的金融衍生品已经发展到了 n 级市场，已经不知道 n 等于几了。金融的三级及以上市场，实际上是金融的玩家高手为了诈骗设计的数学骗局，被骗的只能是没有那么明白的普通参与者。

在此需要声明，这里谈市场的限制不是说市场已经不能依靠了。恰恰相反，这里谈市场限制正是为了更全面理解市场，更准确把握市场，更好利用市场造福全社会。

4. 经济发展的根本规则

经过本书前面的大量论述，有必要将市场经济存在根本规则总结在此：①追逐利润是市场经济的根本动力，逐利的市场经济不能停止发展；②价格决定需求，不决定供给，供给取决于利润，供给影响价格；③金钱向少数富人集中，限制了各类产品的市场面向人数众多的穷人扩散，最终导致经济发展的衰退；④经济发展中的分配问题是经济的根本问题；⑤市场经济中存在粘性的参数是经济的主变量，它们决定了其他无粘性的从变量参数的变化；⑥经济发展是人的思想观念或素质进步的函数；⑦科技进步和管理提升带来的新产品和生产效率提升是经济进步的根本原因；⑧排除金融泡沫后，老旧产业相对平稳，新兴产业主导经济的起落；⑨市场中投资的隐秘性必然导致盲目投资产能过剩；⑩市场经济与科技进步相结合，给人类带来了巨大的利益，但也存在弊端，且正在日益显现出来。经济发展陷入衰退，更详细的原因是金钱向少数富人聚集，使得多数缺钱之人的需要缺乏购买能力，无法形成市场需求。富人的钱虽很多，但人数很少，对商品需要的数量十分有限；富人存的钱只有通过投资进行扩大再生产，才能实现其所代表库存商品的价值；投资增加的商品只能面向更多相对缺少货币的广大民众进行市场扩散，市场必须依靠降价才能扩张。降价使得产品利润和投资同步减少，然而，富人的储蓄与其代表的产品库存还在不断增多，且因投资减少而失去了出路，再加上盲目投资造成的产能过剩，二者结合，使得无法形成投资的储蓄余额所代表的商品库存无法投入扩大再生产，变成了社会商品的过剩积压，经济由此陷入衰退和萧条。

5. 经济今后的发展

能使经济发展的根本在于效率提升，效率的提升使得人类有可能从事更多研究，从而创造出更多的新产品和进一步提高效率。产品创新带来了新的市场领域，技术和管理水平的进步带来了效率提升、成本下降和利润上升。成本下降导致产品价格下降和市场扩大，利润上升和市场扩大也带动投资增加和就业增加，就业上升进一步拉动市场扩大，形成良性循环。

（1）新产品的利弊

科技竞争导致效率提升和新产品研发。效率提升只有利没有弊，但是，新产品的开发方向却有可能发生偏离，去追求一些人类原本并不需要的新产品或产品的新功能，或是因为对这些无需产品的夸大，甚至是编造的虚假宣传而导致过度消费。这类新产品的生产和消费，造成了资源消耗和环境污染乃至对人体的伤害。过度发展消耗了大量的资源，污染了环境。

世界发展到现在仍然没有很好地解决垃圾处理问题，发达国家在这方面虽然做得好一些，但也未能彻底解决，发展中国家的差距就更大。垃圾处理一方面是技术和资金成本问题，另一个很重要的方面是人们对此的认识水平问题。这两方面比较起来，后者更加难以解决，今天人们正在向城市大规模聚集，生活垃圾分类处理，必须得到全体民众的重视才有可能做到，而这一点恰恰是垃圾处理的关键。高速提升的生活和信息化带来的电子垃圾日益增多，大量的旧电器、海量的旧手机、天量的各类废电池，等等，这些垃圾含有重金属，处理不好污染更加可怕。核废料的处理问题是人类和平利用核能的最后一个必须解决好的重要问题，这个问题得不到彻底解决，人类发展核能就是自取灭亡。

（2）贫富与竞争

当发达国家发展到一定程度，他们的生活水平和工资水平必然高于发展中国家，这样企业的用人成本也会相对很高。这时企业主就会寻求把企业迁移到用工成本相对较低的发展中国家。这样做的结果就是发达国家的企业老板挣到的利润更高了，而发达国家的工人失业了，因而发达国家的贫富差距大幅提升，社会矛盾日益加深。

市场竞争有着奖勤罚懒的作用，督促人们奋发图强。竞争是所有生物生存发展的最根本活动，社会上总是存在着勤劳的人和懒惰的人，社会的进步到目前为止仍然需要奖勤罚懒、鼓励竞争，鼓励多劳多得。不过，激励奋斗只是市场竞争之矛与盾的一个方面。另一方面是市场经济发展的结果不仅提高了人们的生活水平，同时也加剧了贫富分化。迄今为止的社会存在着各阶层间的差别，这一差别在一定的范围内有利于调动人们的主观能动性和积极性，但是这个差别过大将会影响包括富人在内全社会的财富增长。

经济发展的目标，应该是使全社会各阶层的生活水平整体得到提高，逐渐缩小贫富差距。与此同时，人类社会需要一定的竞争和激励竞争的贫富差别，但又不能过分。

（3）金融、娱乐与房地产

资金在社会发展的不同阶段其紧缺性和相对价值并不完全相同，在当代很多国家或地区都有较多积压产品和产能过剩的情况之下，资金的价值必然下降。再加上现在广泛使用的纸币和数字记账清算体系，货币并不受制于贵金属的存产量。实质上这是国家信用的体现，资金紧缺对于经济的限制作用已经降到很低。

现在的金融创新对于优化资产配置的作用，可以说完全是负面的。今后各国有必要联手用最严厉的手段监管金融创新，大幅降低全球金融风险。金融创新之所以今天不断涌现，完全是因为资产阶级是掌握世界权利的既得利益阶层，正是他们利用金融衍生品创新，以使自己的财富不停地膨胀，加剧全世界的贫富两极分化。

经济发展在满足了衣食住行的需要之后，必然迈向文化娱乐产业，人类的极端娱乐是没有出路的，娱乐至死并非戏言。堕落的文化产品和电子游戏产业的发展应该受到限制，这需要国际社会的共同努力，需要联合国及世贸组织对此发挥一定的积极作用。人类应该大力发展的是鼓励健康进取的文化体育产业。

房屋的价值很高，是人一生中的最大消费，而此类消费的时间磨损很小，外加通货不断膨胀的原因，所以房地产兼有投资产品的特点。投资产品具有买涨不买跌的属性，很容易引起市场炒作，炒作的结果就会制造泡沫。房地产的价值很高是资金密集型产业，产业链很长涉及产业众多，房地产泡沫破裂会带来经济剧烈波动。房地产的过度炒作，不利于经济平稳发展，制止房地产炒作可以降低经济发展的波动性。

（4）脑体劳动问题

历史上人类主要从事体力劳动，在社会发展之初，大多数人能够从事体力劳动，能够从事脑力劳动的人相对较少，更何况具备丰富知识和经验的脑力劳动者就更少了。依据市场物以稀为贵的规则，脑力劳动者的价值远高于体力劳动者。随着经济的不断发展和人群智力的进步，今后脏活累活没人愿意做，社会地位低下的事没人愿意做，高度耗费脑力的事没人愿意做，这几类劳动的工资会不断上升，而处于中间的一般脑力劳动和低强度的体力劳动者的工资会相对较低。

（5）大数据减少盲目

市场需求的种类繁多变化无常，在进入信息社会之前，人类没有大数据的手段，无法把握各类需求的千变万化，只有依靠市场自然发展。如今，国家应该研究社会上不同收入层次人群的生活方式、工作状态和消费结构。依据不同地区、不同层次人群在每月、每年、每十年、每二十年的消费数量，得出消费需求的整体情况，再依据各类消费的整体情况，把握各大类产业的整体需求。一方面利用这些数据同已有产业的产能数据以及在建的产业数据比对，指导或建议产业投资，可以一定程度上减少盲目投资。另一方面利用这些数据还可以建议和引导人们，调节或改进自己的生活方式，使全社会的生活更加节约、环保和幸福。

这些依靠大数据的经济管理，仍然需要很长的摸索过程才能实现。中国现在仍是发展中国家，经济仍处在快速发展之中，近期中国经济的发展依然需要依靠市场更多地推动。随着近年来经济的快速发展，人民的经济素质与法律观念大幅提升，当下正是逐步减少政府干预，增加发挥民众参与市场经济建设积极性的大好时机，此时更多依靠市场调节的经济发展，必将大幅提高经济整体效率。大数据目前的进步，恰恰可以进一步提升市场的透明性，增加市场经济的整体效率。在大数据时代真正到来后，经济发展可以逐步实现参考性或指导性计划调节，以克服市场的诸多无效。最初的消费和产业数据，可以作为社会经济投资与发展的参考，有了这些初期的消费和产业数据，人们可以逐渐地从中发现一些规律，进一步建立起更多的数据来源与通道。更新数据处理的方法与算法，人们可以逐渐地从中发现更多的规律，参考可以变成指导，指导可以变成框架。最初是针对最大型产业的指引，经过长期摸索和逐渐细化，人类经济发展的可规划性会越来越强，盲目性会越来越少。

第六章　余论

很多经济学家认为，宏观经济理论的主要争论发生在历代的古典经济学派和凯恩斯学派之间。按照古典学派的理论，市场应该会自动地快速调整，持续出清，保持均衡。但是，这仅是"应该"而已，并不是市场现实。现实是市场使货币流向富人，且市场的部分变量具有粘性，出清艰难，波动巨大。经济波动的主要原因正是凯恩斯所说的投资边际效率递减，而这个递减的原因凯恩斯解释错了。投资边际效率递减的根本原因是商品市场只能依靠降价扩张，而不是跟随投资增长而来的成本上升。在他们的这些争论之后，有了"货币流向少数富人，阻止了商品市场向多数穷人的市场扩散"，再有了"利润决定供给量，与供给量决定价格"，基本上可以融合所有古典宏观经济学派和凯恩斯学派的经济理论，也基本上可以填补微观与宏观之间的鸿沟。

经济学在凯恩斯之前，没有彻底搞清楚货币、价格在市场中运行的基本规律。在凯恩斯之后，经济学本末倒置，错把现象当作本质，把原是根本的东西忽略了。在本书的最后，有必要将市场经济做个简要的总结，把经济架构的层次划分清楚，并把经济的根本要义简单集合于此。

1. 效率

研究效率是经济学很重要的任务。正是人类工作效率的提升，造就了人类一切经济和文明的发展与繁荣。工作效率的提升源于工作组织的改进和科学技术的进步。现在经济的主要组织形式就是市场和企业（包含所有各种形式的个体劳动者）。任何市场和企业的组织效率及其提升，都来自参与该市场的所有人，包含老板和员工，也包括政府工作者（市场规则的制定者和维持者），对于经济规律的认识水平及其提升。

2. 科技

科技发展有两个结果，一是创造出更有效益的新商品（产品和服务），二是提高效率降低成本。新商品的不断涌现持续地改善了人们的生活，每一种新商品的出现都会拉动经济的整体发展；效率的提升使得新商品的研发、产生及实现其市场扩散成为可能。在没有价值较高的新商品问世之前，社会处于一个稳定的社会商品体系结构之下，全社会的产业结构相对固定，社会各级财富阶层的分配结构、消费结构及其消费水平相对固定。当价值较高的新商品问世后，这一结构将被打破，经过重新洗牌后，又有新的社会商品体系结构随之建立起来。

3. 市场和企业

市场是人类自然形成的交换平台，市场使得专业化工作产生的超高效率得以实现。企业是组织专业化生产的场所，市场使得所有企业高效专业化生产的成果，转化为可供社会消费的财富。自产自用的生产活动无须市场交换，是为了自身消费需要进行的生产，这样的生产不是专业化生产，效率很低，因为高效率的专业化生产是以市场交换并获得利润为目的。

满足人们的物质与精神需要是人类进行生产活动的目的。市场中企业一切活动的主要目的就是通过市场交换获取利润。

企业管理随着文化的发展而变化，企业的经营就是发现和启发商品的市场需求。企业经营管理水平的不断提高，就是对市场经济规律的逐渐摸索与把握。在市场上，卖主拥有商品价格的决定权，买主拥有投票权，企业不会轻易涨价；买主拥有劳动价格的决定权，卖主拥有投票权，企业不会轻易降薪。满足人们对产品与服务的需求是企业生产经营活动的前提，在市场经济中无法满足人们需求的商品或服务必遭市场淘汰。

市场上的产品是按行业划分的。产品的需求、供给、价格与竞争都是分行业发生的，各行业之间依托产业链、资金链与消费者的市场行为产生联系。市场经济的正常运行关系到产品、劳动与金融三个市场的协作运行。在三个市场中，无论短期或长期相对于其他两个市场，劳动市场的状况最为稳定，金融市场波动最大，这是经济关系中重要的特性，也是考察市场规律的前提条件。金融应该也必须服务于实业，也是一条不该被忘记的基本规则。

4. 货币、需要与需求

迄今为止经济学的所有研究都是围绕着市场交换展开的，现在市场交换的核心是货币。在没有货币且生产力低下的市场状态下，供给创造其自身的需求。到了以货币为中心的市场时代，这个平衡毫无例外地被货币存储所打破。需求量是价格的函数，价格是供给量的函数。供给量是由利润决定的，而不是单由价格决定的。

货币的使用促进了市场交换的发展，货币具有五大功能是历史自然形成的。贵金属货币的信用由其稀缺性来保障，它会限制经济的高速发展。基于国家信用的货币其信用没有受到任何硬性约束，世界市场其实根本无须任何国际储备货币，只要有个世界各国公认的金融交换中心（如：BIS），以一个固定价值单位（如：IMPM）记账即可。贷款创造存款理论（LCD）和现代货币理论（MMT），虽然对于现代货币的运转有着很深刻的理解，但是他们并未注意到储蓄与投资的偏离过程及偏离原因，仍然无法彻底解释经济周期等重大问题。

在社会经济运转中，商品需要与货币分配结合，这决定了商品的市场需求。在有货币介入且货币存在分配问题的市场状态下，社会需要与货币结合形成市场上的商品需求，商品的市场需求主要受到货币的限制。社会上的每个自然人即是供给者，也是消费者。人在劳动时就是供给者，人在消费时就是消费者。由于存在分配问题，在市场中只有供给者分配到货币后才能变为消费者。供给者与分配到手的货币结合，才能产生消费者。

在经济研究中，需要与需求都是具体的，空谈完全抽象的需要或需求没有意义。在市场经济中，商品需要与货币的结合，才能产生商品的市场需求。经济学应该明确认识社会中每个人的需要并无很大差别，人们对商品需求的差别主要来自货币拥有状态的不同。应该明确区分需要的被满足与需求的被满足之间的差别，明确区分全社会的需求与部分人（各贫富阶层的人）需求之间的差别。看清了这个问题，就看清了一个社会中的市场经济状态。

如今越来越多的人富有起来，尽管富人依旧相对很少，但是社会财富越积越多，世界不缺金钱（剩余商品），缺少的是能够赚到更多金钱的好产品、好业务或好项目。因为富人有的是钱却没有需要，这些新的好东西能赚钱，就意味着富人对其有需要。然而，市场的现实是富人的需要现已尽可能地被满足了，所以这类好东西越来越难以被发现了。

对于任何一种商品来说，如果全社会对某种商品的需要都被满足了，就不用再生产这种商品了。如果全社会的消费需要与产出供给平衡一致，就不用再增加生产了。如果全社会的消费需要尚未被全部满足，或只有少数富人的需要得到了满足，这就是由于穷人缺少货币限制了市场需求。最后的一种情况就是市场经济从开始使用货币到现在的普遍现象。

5. 货币的分配、流动与经济运转

完成市场交换时，市场上需要有与流动中商品等量的流动货币。在理想情况下，市场上流通的货币应该与市场上流通的商品总量相等。在现实的分配中少数的富人获得了很多的货币，大量的穷人只获得了很少的货币，并由此导致了政策性货币操作，或金融炒家的投机炒作，以致市场中的商品与货币流通变得扑朔迷离。

货币分配有市场自有的方式，这个方式决定了分配的结果，分配的结果决定了市场上各类商品的需求，也决定了消费剩余货币的存储。合理的分配分方式应该最大限度地调动所有劳动者的积极性，同时最大限度地达到全社会对各类商品的需要能被充分满足。分配方式的合理性应是经济研究的重点。

在任何一个稳定的社会商品体系结构之下，市场的分配方式导致金钱过量流向只有少数人的富有群体，他们消费剩余的

金钱只能进入银行进行投资，投资增加导致产量增加。为了使增加的产量形成销售，任何产品只能通过降价扩大缺钱群体的商品需求。不断降价导致利润不断下降直至为零，投资必然在此停止。这时，产能和产量居高不下，商品已无降价可能，市场无法继续扩大。一边是富人手中的大量金钱没有出路，另一边是没有市场需求的商品大量积压，可持续的经济增长被迫中断增长。社会上很富有的人毕竟只是少数，多数缺少货币（并非没钱）人群的部分商品需要受到货币的制约，这就决定了需要未被满足的新市场只存在于缺少货币的多数人群之中，所以任何商品降价，必然使得该商品的需要变为需求市场扩大。

市场上存在供给是因为供给者对利润的追逐，只要有利润存在就会有人增加供给。反之，只要没有利润，供给必然减少。供给量的增减并不依据价格而变化，甚至不依据利润率的增减而变化；相反，供给量的增加或减少，会导致商品价格的下降或上升。供给量大多是在降价中增长的，而不是在涨价时增长的。供给量大幅增加往往发生在利润率下降之时，这乃是市场经济发展中的现实。

在市场经济中，造成经济危机最主要的原因是贫富差距巨大；次级原因是生产力发展了而社会的劳动（工作）组织架构、分配形式、休闲与学习的时间占比等很少变化；再次一级的原因是市场无法及时准确地调整产业结构，以适应各类生产力的发展变化。

6. 市场的本质与方向

经济发展是人类对市场规律的理性化认识过程，市场经济的发展本质上是人们对于市场规律认识的逐渐提高。高度抽象地看，经济发展就是人们认识的提高。人群的认知传播是按梯度进行的，只能由高向低逐级逐渐展开，身边的榜样最有推动作用。

自私自利是市场经济发展的根本原因，利润是市场经济中经营管理活动的根本目的。市场经济因此而生，也必然因此受限。人类因市场获得巨大利益，如果控制不当，也必将因市场而遭到巨大灾难。

因为市场经济是利润驱动的经济，经济发展的结果必然是商品"过剩"，这是因为全社会需要未被满足条件，商品市场需求不足。由于在市场中金钱总是向着少数富裕的人群聚集，未被满足的商品需要多数时间只存在于相对缺钱的多数人群，穷人的需要因为缺钱无法转变为具有购买力的市场需求。

什么是人的需要？人的需要与人对物质和文化享受的认识相关。资本主义主张无休止地扩大人的欲望，这样的主张必然导致资源的过量消耗，水、空气和土地的严重污染，地球变暖，子孙后代无以为继。在我们这个因药品保障而人口剧增的时代，追求简朴无华的生活才是高尚的人生境界。今后社会经济和经济学发展的必要性，仅在于使穷人的生活水平提高到与当今世界文明相适应的程度。